मृदुल स्पंदन

आलोक शर्मा

डायमंड बुक्स

www.diamondbooks.in

प्रकाशक : डायमंड पॉकेट बुक्स (प्रा.) लि.
X-30 ओखला इंडस्ट्रियल एरिया, फेस -II
नई दिल्ली- 110020
फोन : 011-40712200
ई-मेल : wecare@diamondbooks.in
वेबसाइट : www.diamondbooks.in
संस्करण : 2025
मुद्रक : रेप्रो (इंडिया)

Mridul Spandan

by *Alok Sharma*

मेरी कलम से

लोग नाराज़ रहते हैं मुझसे कि मैं कम बातें करता हूँ , कभी-कभी मुझे अभिमानी भी समझ लेते हैं, कोई कहता है खोया रहता हूँ न जाने क्या खोजता रहता हूँ। लेकिन इसका कारण ये है कि ख़ुद से बहुत बातें करता हूँ , आईने से बहुत गुफ़्तगू होती है मेरी, यादें आती हैं मिलने और फिर जाती ही नहीं। शायद फिर उतना वक़्त नहीं मिलता कि किसी और से कुछ लंबी बात हो सके।

सोचा जो बातें ख़ुद से करता हूँ कहीं लिपिबद्ध कर दूँ।

चूँकि भावनाओं का प्रभाव बहुत ज़्यादा था, तो कविता होना स्वाभाविक था।

बचपन से पिता जी से कविताएँ सुनता रहा हूँ, ग़लत नहीं होगा अगर कहूँ कि पिता जी ने हिन्दी-उर्दू के कवियों और शायरों की कविताएँ घुट्टी में पिलाई हैं।

और माँ, हर माँ की तरह भावनात्मक हैं। सारी भावनाओं का स्रोत वहीं हैं

तो मेरा सारा कवितामय साहित्यिक सृजन मेरे पिता और माता के चरणों को छूता हुआ मेरी कलम तक पहुँचता है।

इस किताब के माध्यम से जीवन के विविध आयामों की झलक आपको इन कविताओं में मिलेगी।

भाव आपको कभी ग़ज़ल, कभी कविता तो कभी छंद का रूप लेते मिलेंगे।

कुछ कविताओं में बृज भाषा का और अवधी का पुट भी आ गया है।

कहीं-कहीं उर्दू-फ़ारसी के लफ्ज़ अनायास ही आ गए हैं, कहना ग़लत नहीं होगा कि ये रचनाएँ हिंदुस्तानी भाषा में हैं न की हिन्दी में।

आशा करता हूँ, आप लोगों को ये भावनात्मक कविताएँ आनंदित करेंगी और मेरी ये कोशिश पसंद आएगी और मोहब्बतें मिलती रहेगीं।

आपका सदैव अपना

आलोक शर्मा

प्रस्तावना

कविता एक ऐसा साधन है जो हमारी भावनाओं, विचारों और अनुभूतियों को शब्दों के माध्यम से संसार के समक्ष प्रस्तुत करती है। यह संग्रह मेरे प्रिय मित्र और अद्भुत कवि, श्री आलोक शर्मा जी के दिल से निकली अद्वितीय कविताओं का सजीव दस्तावेज़ है।

आलोक जी ने अपनी कविताओं में जीवन के विविध पहलुओं को बड़ी संवेदनशीलता और गहराई के साथ उकेरा है। उनकी रचनाएँ सिर्फ शब्दों का खेल नहीं, बल्कि उनमें भावनाओं की सच्चाई और अनुभवों की वास्तविकता झलकती है। जब भी मैं उनकी कोई कविता पढ़ता हूँ, तो ऐसा प्रतीत होता है कि जैसे वे शब्द हमारी ही भावनाओं के प्रतिबिंब हैं।

यह संग्रह हमें जीवन के विभिन्न रंगों और रूपों से परिचित कराता है। यहाँ प्रेम की कोमलता है, विरह का दर्द है, प्रकृति का सौंदर्य है, और समाज की कड़वी सच्चाइयाँ भी हैं। हर कविता अपने आप में एक अलग अनुभव और एक नई दृष्टि लेकर आती है। इनकी लेखन शैली सरल, परंतु प्रभावी है, जो पाठक के मन-मस्तिष्क पर गहरा प्रभाव छोड़ती है।

'मृदुल स्पंदन' संग्रह की कविताएँ न केवल प्रेरणा देती हैं, बल्कि हमें सोचने पर भी मजबूर करती हैं। वे हमें हमारे चारों ओर की दुनिया को नए नजरिए से देखने का दृष्टिकोण प्रदान करती हैं। इस संग्रह के माध्यम से मेरे मित्र ने अपने हृदय के उन कोनों को खोल कर रख दिया है, जिन्हें शायद हम सभी ने अपने भीतर कहीं न कहीं महसूस किया है, लेकिन शब्दों में व्यक्त नहीं कर सके।

मुझे गर्व है कि मैं इस संग्रह की प्रस्तावना लिखने का अवसर पा सका। यह पुस्तक निश्चित रूप से उन सभी के लिए प्रेरणा का स्रोत बनेगी, जो साहित्य और कविता से प्रेम करते हैं। मैं विश्वास करता हूँ कि श्री आलोक शर्मा जी की ये कविताएँ पाठकों के हृदय में अपनी विशेष जगह बना पाएंगी और उन्हें एक नया आयाम प्रदान करेंगी।

मैं श्री आलोक शर्मा जी को इस संग्रह के लिए हार्दिक शुभकामनाएँ देता हूँ और आशा करता हूँ कि उनका यह प्रयास साहित्य की दुनिया में एक महत्वपूर्ण स्थान प्राप्त करेगा और ये एक मील का पत्थर साबित होगा!

महेश वल्लभ पांडेय

संस्थापक सदस्य एवं बोर्ड सदस्य, यूरोपियन संघ प्रवासी साहित्य संघ, द नीदरलैंड्स-स्थित, स्तिखतिंग (फाउंडेशन) संस्कृति & संस्कार फाउंडेशन प्रकाशित लेखक, ब्लॉगर, डिजिटल पॉडकास्टर, डिजिटल पॉडकास्ट शो निर्माता और निर्देशक, रेडियो शो निर्माता, उपन्यासकार, लेखक, गीतकार और एक इवेंट होस्ट

विषय सूची

शब्द ज़िंदा रहते हैं

शब्द ज़िंदा रहते हैं, बरसों तक, युगों तक,
साल दर साल ज़िंदा रहते हैं,
बात ख़त्म हो जाती है मगर शब्द ज़िंदा रहते हैं
हवाओं में, फ़िज़ाओं में, लोगों के दिल में, ज़हन में,
किताबों में, कभी अख़बारों में,
कभी लिखी डायरी में, कभी शायरी में,
कभी कहीं पढ़ा, कभी कहीं लिखा,
कभी किसी का सुना, कभी किसी का कहा,
याद रहता है भूली-बिसरी यादों में, वादों में,
तभी तो ज़िंदा रहते हैं, शब्द कभी नहीं मरते।

ज़िंदा रहते हैं मगर तड़पते हैं शब्द
कुछ कहने को, कुछ सुनने को,
कभी कुछ बोलने को और कभी ख़ामोश रहने को,
कराह उठते हैं, बुरी यादों में, टूटे वादों में, फ़रियादों में,
नाचते, गाते और खिलखिला उठते हैं
होरी में, माँ की लोरी में और गोरी में,
आराम फ़रमाते हैं अमीर के महलों में, कारों में,
रोते हैं झोपड़ी की बारिशों में और गरीब के जाड़ों में,
साँस लेते हैं, मुस्कुराहट में, आँसुओं में, ज़िंदगी की दरारों में,
आशिक़ के इसरारों में, कभी शायर के अशआरों में
तभी तो ज़िंदा रहते हैं, शब्द कभी नहीं मरते।

हाँ, मगर शब्द रूप बदलते हैं,
बदल के निखरते हैं, कभी बिखरते हैं,
मगर चलते रहते हैं, चलते-चलते कभी प्रदेश बदलते हैं,
कभी देश बदलते हैं, फिर उस देश के होके बसते हैं,
जन्म लेते हैं कवि की कल्पनाओं में, बातों में, सौग़ातों में,
उछल-कूद करते हैं अच्छों में, सच्चों में, बच्चों में,
जवान होते हैं गाजो में, साज़ों में, आवाज़ों में,
हाँ, मगर बूढ़े होते हैं, चल-चल जब थकते हैं,
सुनता नहीं तब कोई बुढ़ापे में,

पड़े रहते हैं दूर से आती पुकार के इंतज़ार में,
आहों में, राहों में, सेहराओं में,
मगर ज़िंदा रहते हैं, शब्द कभी नहीं मरते,
हाँ, शब्द कभी नहीं मरते।

❖❖

पुकारे भी नहीं आएंगे

चौखट को तेरी छोड़ दिया, अब पुकारे भी नहीं आएंगे
आए भी ग़र कभी, तो सनम अब तुम्हारे नहीं आएंगे।

लगता है तुम्हें बिना तुम्हारे किनारे नहीं आएंगे,
ऐसा नहीं है बाद तुम्हारे, सहारे नहीं आएंगे।

जल उठेंगे दीपक हज़ार, ग़र चाँद-सूरज तुम्हारे नहीं आएंगे,
जुगनू आ जाएंगे ज़रूर, ग़र सितारे हमारे नहीं आएंगे।

ऐसा नहीं है राह में हमारी अंगारे नहीं आएंगे,
हम गर्दिश-ए-वक़्त के मारे, मगर घर तुम्हारे नहीं आएंगे।

तुम भी चलोगे मंज़िल पर, पहुँचोगे ज़रूर,
मगर तुम्हारी राह में हमसे नज़ारे नहीं आएंगे।

तुम्हें कोई चाहतों से ज़रूर देखेगा,
मगर वो तुम पर वारे नहीं आएंगे।

माना कि बिखर गये, सवारे नहीं जाएंगे,
यार अब आएंगे, लेकिन हम कुंवारे नहीं आएंगे।

❖❖

फूल किताब का

एक फूल जो दिया हुआ था कभी महताब का
चिपटा रहा किताब से जैसे हो पन्ना किताब का।

किताब में मिला जो सूखा फूल आज गुलाब का
याद आ गया हमें वो इश्क़ हमारा कमाल का।

मरना-जीना हर अदा पे तेरी, मुझ मोहब्बत के ग़ुलाम का
रात दिन करना इंतज़ार, बस तेरे एक अदद पैग़ाम का।

सताना, छेड़ना, मुस्कुराना, फिर गले में बाहों का हार सा,
कहना फिर हर बात पे तेरा- "क्या हाल है जनाब का?"

सुना है हर अनकहा लफ्ज़ तेरी मोहब्बत के बयान का,
याद है मुझे अब भी तेरा छुपा के रखना मेरे रूमाल का।

मिलो तो बताऊँ, पक्का है आशिक़ तेरा ज़ुबान का,
निशानी की तरह रखा है हरा हर ज़ख़्म दिया आपका।

नहीं भूलता मुझे आज भी वो मनहूस दिन इतवार का,
छोड़ दिया था हाथ हमने एक-दूसरे के एतबार का।

मेरी ग़ज़ल के हर शेर में रहता है नाम जिस अनाम का,
देता है तकलीफ़ बहुत छूट जाना उससे दुआ-सलाम का।

❖❖

चुन लिया प्रेम

चुन लिया सभी ने साथी अपने-अपने
जब बात चुनाव करने की आई है।
जो बात है मन की, वो कहाँ छुप पाई है,
हर एक को धोखा देने की सख़्त मनाही है,
हर किसी को यही एक बात सुहाई है।

नदी सागर से मिलने उमड़-घुमड़ के आई है,
हवा ख़ुशबू के साथ मदहोश होकर आई है,
चाँदनी चाँद को अपना साजन बनाके लाई है,
रोशनी सूरज को प्रियतमा घोषित कर आई है,
प्रेम के हिस्से तो मगर सिर्फ़ प्रतीक्षा ही आई है।

❖❖

चेहरे पे मुखौटे लिये

हर कोई फिरता है चेहरे पे मुखौटे लिए अनेक,
कहाँ कोई वैसा होता है, जैसा आता है पेश।

होता है अच्छा और बुरा, सिर्फ़ एक भेष,
बनाता है हमारा दृष्टिकोण ही महेश।

नहीं बचता अब तो इंसानों में भी इंसान शेष,
मिलते हैं वहीं शैतानों में भी इंसानों के अवशेष।

नहीं माना पांडवों ने कर्ण को सर्वश्रेष्ठ,
पूछने लगे जब जाति और उसका परिवेश।

द्रोण और पितामाह ने भी दिया मूक संदेश,
ला रहे थे जब पांडव जाति का अध्यादेश।

कर दिया भरी सभा में दुर्योधन ने अभिषेक,
बना मित्रता नरेश, हरा के जाति और द्वेष।

नहीं दी पांडवों को सुई की नोक बराबर भूमि विशेष,
बना डाला उसी दुर्योधन ने कर्ण को अंग नरेश।

❖❖

नव यौवना हो गई धरती

नव यौवना हो गई धरती।
चंचल आकाश हो गया है।

सुन के सावन के मेघों से भेजा जो उसने।
वो मृदुल प्रेम प्रस्ताव स्वीकार हो गया है।

नाच रहा नभ ऐसे जैसे मन मयूर हो गया है।
महक उठी हैं हवाएँ ऐसे जैसे।
हवाओं में फूलों का रस घुल गया है।

छू के पानी को हवाएँ बजा रही हैं जल तरंग।
समाँ भी शहनाई का हो गया है।

क्षितिज पर देखो तो लगता ऐसे।
जैसे कि शामियाना सज गया है।

रची है हाथों में धरती के मेहँदी।
सुर्ख़ फूलों का सिर पे,
झीना सा आँचल सज गया है।

वसुधा से मिलने को आकुल व्याकुल।
उछल कूद मचा रहा बादलों में जो गगन।
झलक दिखला रहा पानी में ऐसे।
जैसे नीर झील का मन दर्पण हो गया है।

चहचहा के बोली कोयल से बुलबुल।
हल्दी के पानी से नहाया अंबर कुछ चम्पई हो गया है।
लग रहा है ऐसे जैसे धरती आकाश का ब्याह हो गया है।

❖❖

उम्मीद नहीं बची कोई

उम्मीद नहीं बची कोई, देखो लाशों के नीचे दबा पड़ा है,
सपना वही अमन का जो आँखों में हमारी बरसों पला है।

ज़मीन-ओ-आसमान मौतों और चीख़ों से पड़ा पटा है,
बनाने का इंसान हमें ये तो सब ख़ुदा को सिला मिला है।

जो बात न बने बातों से, तो मारने गोली चला है,
क्या आदमी की तरक़्क़ी का यही सिलसिला है?

इंसान सिर्फ़ अपने बारे में ही सोचता चला है,
नहीं मानता वसुधैव कुटुम्बकम जीने की सही कला है।

ख़ुदगर्ज़ी की ईंटों-पत्थरों से बरसों बनता चला है,
कर के चढ़ाई जो तोड़ना है, एक वही तो क़िला है।

माना कि सुलझाना है जो, बहुत ही बड़ा मसअला है,
मगर हज़ारों सालों में इंसान ने भी बहुत कुछ हला है।

तारीख़ की दुनिया को बस इतनी सी सलाह है,
न कोई था न कोई है जो जंग से बड़ा मसअला है।

❖❖

इतने थे उतने थे कितने थे

इतने थे, उतने थे, कितने थे, जितने थे,
सारे रंग थे बस एक होली होने तक।

इतने थे, उतने थे, कितने थे, जितने थे,
सितारे चमके बहुत रात के खोने तक।

इतने थे, उतने थे, कितने थे, जितने थे,
खुश थे हम बस तेरे पास होने तक।

इतने थे, उतने थे, कितने थे, जितने थे,
होते हैं मेरे खत्म रास्ते सभी तेरे कोने तक।

इतने थे, उतने थे, कितने थे, जितने थे,
जगे रहे ख़्वाब मेरे सभी तेरे होने तक।

इतने थे, उतने थे, कितने थे, जितने थे,
महकें फूल सभी बस तेरे न होने तक।

❖❖

खामोशी

सुनते हैं सभी जब बोलता है,
खामोशी में इतना बोलता है।

नुमाया होता चेहरे से जो बोलता है,
वो लब्ज़ों से कहाँ ही बोलता है।

आँखें कर बैठती हैं ग़लतियाँ मेरी,
चेहरा वो इमला कठिन बोलता है।

आता है बस दो का पहाड़ा मुझे,
पर वो तो उन्नीस का बोलता है।

महफ़िल में जो अकेला बोलता है,
कोई नहीं सुनता जब बोलता है।

किया नहीं कुछ सुनता रहा बस,
वो ये बोलता है, वो वो बोलता है।

मिल ही जाती कामयाबी मुझे भी,
ग़र करता वो जो दिल बोलता है।

थकते ही नहीं लोग सुन-सुन के उसे,
वो जब बोलता है मोहब्बत बोलता है।

❖❖

फूल और भौरा

तंग आ गया फूल भौरे के मड़राने में,
लगा कहने, क्यों।
चला आता है यहाँ किसी न किसी बहाने में,
भौरे को भी देर न लगी क़सम खाने में।
कहा फूल एक तू ही तो नहीं ज़माने में,
कितनी देर लगती है तुझे भूल जाने में।

ख़ता लम्हों की थी अना को बहकाने में,
मिली सजा सदियों को दिल के तहख़ाने में।
फूल को ही देखता सोचता भौरा,
हर दूसरे फूल के मुस्कुराने में।
दिन बीतते फूल की यादों के शामियाना में,
रातें सिर्फ़ अकेले रोते मयखाने में।

एक रोज़ हवा ले आई ख़ुशबू फूल की,
न लगी देर ख़ुशबू को।
सपने भौरे के फिर महकाने में,
जब दिल न माना समझाने में।
भौरा चला आया एक रोज़ फूल को बाग़ाने में।

देखा भौरा और कहने लगा फूल ताने में,
लगती नहीं देर सपने देखने दिखाने में।
उम्र मगर बीत जाती है साकार बनाने में,
मशरूफ़ थे तुम ज़माने में समाने में।
कभी दुश्मनों को दोस्त बनाने में,

कभी दोस्तों से मिलने मिलाने में।
अब मिले हो होती है तकलीफ़ जब,
साँस के भी आने और जाने में।

जवानी बीत गई रुंठने मनाने में,
बची थोड़ी वो चली गई खाने कमाने में।
बुढ़ापे ने दे दी दस्तक अब गरीबखाने में,
अच्छा होता ना मिलते तुम अब ज़माने में।

❖❖

तुम्हारा ख़्वाब

चले आओ बिना खटखटाए जाग रहा हूँ सोने के बाद,
नींद मुझे आती है ख़्वाब में तुम्हारे आने के बाद।

लाल हो गईं आँखें, जागा रहा ख़्वाब में सोने के बाद,
तुम आए ही नहीं मेरे ख़्वाब में, इतना कहने के बाद।

कह दिया तुमने नहीं आ पाए कोशिशें करने के बाद,
रहतीं हैं टंगी आँखें हमारी चौखट पे तेरे वादे के बाद।

अब लगता है डर मुझे तेरा ख़्वाब आने के बाद,
मना कर देते हो मिलने से ख़्वाब में मिलने के बाद।

वक़्त दो नहीं गुजरते सारा वक़्त गुजरने के बाद,
एक तेरे आने से पहले और एक तेरे जाने के बाद।

नहीं फ़र्क़ कुछ पा के खोने या खो के पाने के बाद,
कमवक़्त मालूम चला मुझे एक उम्र होने के बाद।

❖❖

तेरी मेरी कहानी

साल दर साल यूँ ही जवान होती चली गई,
कहानी तेरी मेरी परवान होती चली गई।

रुकी न थमी नदी जैसे कोई बहती चली गई,
बिना तेरे मैं हूँ अधूरा हर धारा कहती चली गई।

तेरा साथ प्यार से है प्यारा कहती चली गई,
कभी कमल कभी गुलाब खिलाती चली गई।

तुम आए और ज़िंदगी रोशन होती चली गई,
हवा चली प्रेम दीयों को भड़काती चली गई।

जो किसी ने पूछा क्यों मचल रही हो इतना,
लगा सोलवाँ साल इठला के कहती चली गई।

❖❖

तू मोहब्बत है

माना तू नहीं इससे सहमत है,
कि मुझे तुझसे मोहब्बत है।

नहीं हासिल एक पल की भी कुरबत है,
नज़र अन्दाज़ करना मुझे तेरी फ़ितरत है।

मोहब्बत ही मोहब्बत की अज़मत है,
मुझे तेरी नफ़रत से भी मोहब्बत है।

मेरे दिल ओ-ज़हन पे तेरी अक़ीदत है,
जो जी चाहे कर ले दिल पे तेरी हुकूमत है।

जुदाई माना मोहब्बत की क़िस्मत है,
होगी ख़त्म फ़ासले से तेरी गफ़लत है।

नहीं मोहब्बत को किसी की ज़रूरत है,
मोहब्बत अपने आप में ही खूबसूरत है।

माना, जाना, अभी तेरी फ़ुर्क़त है,
मगर नहीं मुझें मोहब्बत से फ़ुरसत है।

याद ही तो इश्क़ की एक अलामत है,
एक वही तो है जो अब तक सलामत है।

नहीं मुझे तुझसे कोई शिकायत है,
मुस्कुराया कर बस इतनी सी हिदायत है।

मुस्कुराहट तेरी मेरी मिलकियत हैं,
मेरी मोहब्बत की यही ख़ासियत है।

मोहब्बत ही मेरी कैफ़ियत है,
यही एक बस मेरी क़ाबिलियत है।

जानता हूँ मुझसे दूरी तेरी सहूलियत है,
मगर मुझे तुझसे मोहब्बत है ये असलियत है।

❖❖

रूठ गई हो रूठ जाओ

रूठ गई हो रूठ जाओ,
नहीं मनाऊँगा तुम्हें।

तुम जाओ जहां तक जाना चाहो,
आसमान के तारे तोड़ो चाँद को पकड़ कर।
जेब में रख कर ले कर आओ,
पाताल लोक में जाओ।
वहाँ समुंदर खोज कर आओ।

हवाओं से बातें करो,
फूलों को जलाओ।
तितलियों को छेड़ो,
पत्थरों से लड़ कर आओ।
खिड़कियों को तोड़ो,
रोशनदानों से झांको।
दरवाज़ों को बंद कर आओ।

जो चाहो वो करो,
जहां जाना चाहो वहाँ जाओ।
मैं खड़ा रहूँगा बंद दरवाज़ों पर,
तुम्हारे इंतज़ार में।
तुम्हें सोचते हुए,
लेकिन नहीं बुलाऊँगा तुम्हें।

ग़र तुम्हें कोई दूसरा अपना ले,
और ख़ुद का बोले।
मुझे तकलीफ़ नहीं होगी,
विश्वास है मुझे।
तुम लौट कर आओगी,
कहीं नहीं जाओगी।

तुम मेरी हो,
मुझसे दूर नहीं रह पाओगी।
तुम मेरी प्रयसी हो,
प्रेम में रम के बस जाओगी।
कविता तुम फिर आओगी,
जब मुझसे रूठ जाओगी।

❖❖

आ ही जाता है याद

लाख न चाहूँ पर आ ही जाता है याद, टूटे पत्तों को देख के कभी-कभी,
किस तरह समेटा था ख़ुद को जब दूर हो के तुमसे बिखर गया था कभी।

समेटा तो था मगर कहाँ ही समेटा था कभी,
बिखर के टूट जाता हूँ काँच सा तेरी याद के पत्थर से अभी।

अरसा हुआ, तेरे जाने का ग़म है बहुत मगर कम हुआ अभी,
अब रोज़ आती है तेरी याद कम मगर कभी-कभी।

ज़्यादा सच से धागे रिश्तों के टूट जाते हैं कभी-कभी,
भरम रखने को मोहब्बत का झूठ भी ज़रूरी है कभी-कभी।

मैं तो ख़ुद से भी झूठ बोलता हूँ कभी-कभी,
तुम रास्ते में हो मेरे पास पहुँच रहे हो अभी।

❖❖

बैचेन रहूँगा

बैचेन रहूँगा दिन आज बहुत सताएगा मुझे,
रात को आज तेरा ख़्वाब ही नहीं आया मुझे।

देखते-देखते राह तेरी एक और दिसंबर सता गया मुझे,
मालूम है मुझे, नया साल भी खूब सताएगा मुझे।

मर जाएँगे मगर आँखें चौखट पे टंगी रहेंगी हमारी,
देखते रहेंगे तेरा रास्ता जब इंतज़ार मार जाएगा मुझे।

तेरा भरम है तू सताएगा मुझे,
मेरा प्यार ही मार जाएगा मुझे।

❖❖

किसी को चेहरे में चाँद दिखाई देता है

किसी को चेहरे में चाँद दिखाई देता है,
किसी को चाँद में चेहरा तो किसी को चेहरे पे चेहरा।
कोई फूलों से बातें करता है, कोई काँटों से,
कोई रास्तों से कोई रास्तों के पेड़ों से,
और कोई रास्तों के मोढ़ों से।

कोई गाँवों से, कोई शहरों से,
कोई पहरों से, कोई मैहरों से,
कोई मायनों से, कोई आईनों से,
कोई परायों से, कोई अपनों से,
कोई आसमानों से, कोई ज़मीनों से।

कभी फसलों की, कभी मसलों की,
कभी ईंटों की, कभी तसलों की,
कभी कमलों, कभी हमलों की,
कभी जंगलों की, कभी गमलों की।

कभी आई की, और कभी परछाईं की,
कभी सगाई की तो कभी कलाई की,
कभी कन्हाई की, कभी दुखदाई की,
कभी भाई की, कभी पिता से पिटाई की।

कभी कामों की, कभी दामों की,
कभी घामों की, कभी धामों की,
और कुछ नहीं तो कभी आमों की,
कभी सुबह और शामों की,
तो कभी दोस्तों के साथ जामों की।

कभी दूरियों की, कभी नज़दीकियों की,
कभी आशाओं की, कभी निराशाओं की,
तो कभी विश्वास और संभावनाओं की,
कभी ख़ुद की, कभी ख़ुदाओं की,
कभी भावनाओं से, तो कभी भावनाओं की।

कभी ग्रीष्म की, कभी शीत की,
कभी बरसात की रात के गीत की,
कभी हार की, तो कभी जीत की,
कभी प्रीत की, और तो कभी बिछड़े मीत की,
कभी अलग, कभी एक सी।

बात हर कोई अपनी कहता है,
कोई कम शब्दों में कहता है,
कोई थोड़े ज़्यादा लब्ज़ लेता है,
और कोई बिना कहे ही सब कह देता है,
लेना देना शब्दों से कहाँ होता है,
मगर हर कोई कहता है जो जीता है,
जो जीता है वो सहता है,
जो सहता है वो महसूस करता है,
जो महसूस करता है वो भावनाओं में बहता है,
जो भावनाएँ बहता है वो प्यार करता है,

जो प्यार करता है वो इंसान होता है,
हाँ हर एक में तभी इंसान होता है।

कभी गा कर, कभी रो कर,
कभी लय से, कभी बेलय से,
कभी मरग़म से, कभी सरग़म से,
इंसान बस प्यार कहता है,
प्यार जो कहता है वो कवि होता है,
हर इंसान में तभी कवि होता है,
हाँ हर इंसान कवि होता है,
हाँ हर इंसान कवि होता है।

❖❖

एक फ़लसफ़ा है तू

मैं बेचारा अनपढ़, बहुत पढ़ा लिखा है तू,
समझ नहीं आता मुझे, एक फ़लसफ़ा है तू।

मर-मर के रोज़ जी रहा हूँ, मेरी सज़ा है तू,
बुझाता है मेरे चिराग़ जज्बातों के, वो हवा है तू।

नहीं देता पल भर की तवज्जो भी, बहुत बेरुखा है तू,
राज़ी नहीं मानने को, मैं भी कहूँ किससे, बेवफ़ा है तू।

इश्क़ एक तरफ़ा ही सही, पर हर चोट की दवा है तू,
मैं इसी से खुश हूँ, मर रहा हूँ मैं और जी रहा है तू।

अब जो होगा देखा जायेगा, मेरी क़ज़ा है तू,
हम इश्क़ नहीं इबादत करते हैं, मुझे ख़ुदा है तू।

❖❖

आना तुम भी तो दरवाज़ा खटखटा के आना

आना तुम भी तो दरवाज़ा खटखटा के आना,
बाद तेरे अकेला तो हूँ मगर तन्हा नहीं हूँ मैं।

नज़रों में मुझे गिराता, मेरी बार-बार तेरा जा के आना,
लगता है अब तो मुझे भी तेरे काबिल नहीं हूँ मैं।

आना तुम मेरे पास जब दुनिया घूम आना,
रखूँगा दर खुला मगर कहूँगा मुंतज़िर तेरा नहीं हूँ मैं।
मुंतज़िर- इंतज़ार करने वाला

नहीं मालूम कब कहाँ से होता है तेरा जाना आना,
दिल के मंदिर में हिलते भी मूरत को तेरी देखा नहीं हूँ मैं।

शख़्सियत अजीब बना गया मेरी तेरा याद आना,
लगता कभी भूल गया हूँ तुझे, लगता कभी भूला नहीं हूँ मैं।

आ गया तेरे ज़िक्र पर बात हँस के टाल आना,
लगता है मोहब्बत में तेरी संजीदा नहीं हूँ मैं।

सताता है अब तुझे चाँद कह आना,
बीती नहीं कोई रात देख चाँद को जब रोया नहीं हूँ मैं।

❖❖

तू अनसुना करता है

तू अनसुना करता है मगर कहनी है दिल की बात,
अगर न लिख के करूँ तो कैसे करूँ तुझ से वार्तालाप ?

लगता है डर कहीं भूल न जाऊँ तुझे, भूल जाता हूँ हर बात,
करता हूँ तभी तेरी यादों को लिख के अलाप।

याद तेरी बजाती है धुन बना मेरे दिल को साज़,
लिख के गुनगुना के करता हूँ मैं प्रतिकलाप।

थक गया मैं, नहीं सुनता तू मेरी कोई आवाज़,
लिख-लिख कर करता रहता हूँ मैं विलाप।

ग़र सुन ले तू तो नाच उठेंगे ख़ामोश जज़्बात
जाएँगे सज नाकाम ज़िंदगी के कार्यकलाप।

❖❖

जब मुझे न पाया होगा, घबराया होगा,

सोचता हूँ, मैं ख़फ़ा हो के उससे चला तो आया,
मगर मुझे वो बुलाने आया होगा।

जब मुझे न पाया होगा, घबराया होगा,
थोड़ा गुस्सा भी आया होगा,
मगर फिर मुस्कुराया होगा।

सोचा होगा,
मन मेरा दिल्लगी का कर आया होगा।
ढूँढता होगा इधर-उधर, भरमाया होगा,
जब मुझे नहीं पाया होगा।

राह में बाज़ार की चलते-चलते,
कदम उसके ठिटके होंगे,
मेरे जैसा चलता जब कोई पाया होगा।
हर किसी में मुझे देखता होगा,
रुकता होगा, रोकता होगा।

पीछे से कंधे पे हाथ रख के,
जब पूछता होगा नाम ले कर मेरा,
कतरा आँसू का आँख में उतर आया होगा,
जब मुझे नहीं पाया होगा।

तस्वीर से मेरी करता होगा बातें,
जब न जवाब कोई आया होगा,
ख़फ़ा हुआ होगा, थोड़ा झुँझलाया होगा,
तस्वीर को मेरी मेज़ पे फिर पलटाया होगा।

महफ़िल में दोस्तों की मेरा चर्चा जब आया होगा,
बे-नियाज़ी से मगर बे-सख्ता चौका होगा,
जब न फिर मुझे पाया होगा।

रोना चाहता होगा मगर रो न पाया होगा,
उठ जाता होगा भरी नींद से,
आवाज़ें देता होगा मुझे अकेले में,
हर दरवाज़ा खटखटाया होगा।

ढूँढ-ढूँढ के जब हारा होगा,
दरिया आँखों से बहाया होगा।
रातों को पड़ा बिस्तर पे मैं नीम-दराज,
सोचता हूँ,
जो चला गया चाँद सा ख़्वाब आँखों से मेरी,
उसकी आसमानी आँखों का सरमाया होगा।

मेरा ख़्याल उसे हर लम्हा आया होगा,
आँखों में उसकी ख़्वाब मेरा जगमगाया होगा।
ले कर आया होगा वो छुपाये,
ख़त सभी जो मैंने लिखे उसे कभी,
हर हर्फ़, हर लब्ज को पढ़-पढ़ के,
मोहब्बत को मेरी दोहराया होगा।

चेहरा मेरा हर ख़त पर उभर आया होगा,
सोचता हूँ वो मुझे बुलाने आया होगा।
जब मुझे न पाया होगा, घबराया होगा।

सोच के ये सब मैं लौट आया,
मगर मैंने पाया,

न वो आया, न वो रुका, न पूछा,
न आवाज़ ही दी,
न उसने मुझे हर जगह पाया।

न आँख से उसकी कोई कतरा उतरा,
न कहीं मेरा चेहरा उभरा।
जो ख़त लिखे थे कभी मैंने उसे,
उन्हें मैंने ज़र्रा ज़र्रा फटा,
जंग-आलूदा रास्ते में पड़ा पाया।

मैं ख़त का हर बिखरा पुर्ज़ा उठा लाया,
तभी एक कतरा दरिया का आँख में मेरी उभरा।
तभी एक राहगीर वहाँ से गुजरा,
पूछने लगा "क्या हुआ?"
जब मुझे वहशत में, दहशत में पाया।
कहा मैंने,
आँख में कुछ पड़ गया जो अभी तक निकल नहीं पाया।

❖❖

आशिक़ यूँ ही नहीं दीवाना कहलाता है

समुंदर आँखों का तिशनगी, मोहब्बत की जब बुझाता है,
खारा कैसे मीठा बन सुहाता है, सोचा मगर नहीं बुझाता है।

जीतता है मैदान-ए-मोहब्बत में वही जो दिल हार जाता है,
क़ानून दुनिया का मोहब्बत-ए-जुर्म को रास नहीं आता है।

क़ायदे क़ानून उल्टे हैं मोहब्बत के बहुत, हमको सुझाता है,
जान का दुश्मन भी वही होता है जो बन के जान लुभाता है।

कामयाब हो तो रंग रूप बदल, सिर्फ़ फ़र्ज़ हो जाता है,
अरे ना कामयाब, इश्क़ ही तो कामयाब हो जाता है।

रूठना मनाना तो अदावत है मोहब्बत की, अब सुझाता है,
अरे दिल-ए-नादाँ उसी बेरहम को भाता है जो खिझाता है।

ज़्यादा समीप हो तो गर्मी-ए-इश्क़ से झुलस जाता है,
क़रीब यहाँ वही तो आता है जो थोड़ा दूर हो जाता है।

ज़हन उसी को याद करता है जिसे भुलाना चाहता है,
आशिक़ यहाँ यूँ ही नहीं दीवाना कहलाता है।

❖❖

सुना है वहाँ

सुना है वहाँ अब भी सरगोशियाँ गुनगुनाती हैं,
सुना है तितलियाँ वहाँ फूलों को छेड़ आती हैं,
सुना है तुम्हारे आने की खबर महकाती हैं।

अपनी ही महक से महक जाना,
ऐसा करना बस तुम चले आना।

चले आना तो दो पल ठहर जाना,
ठहरना तो फिर ठहर जाना।

जाना तुम फिर लौट मत जाना,
तुम से ही तो होगा गुलों को बतियाना।

सुना है अभी हवाएँ वहाँ दीपक जलाती हैं,
तुम्हारे आने की ख़ुशियाँ मनाती हैं।

❖❖

किनारे को समुंदर के समझ के क़िस्मत

किनारे को समुंदर के समझ के क़िस्मत,
उँगली मेरी सिर्फ़ नाम तेरा लिखा करती हैं।

नाम तेरा जब भी रेत पे लिख के आता हूँ,
कभी हवा कभी लहर मिटा दिया करती है।

नहीं रुकता जब कि मालूम है हर ज़ुल्म को,
हर रात के बाद सुबह ज़रूर हुआ करती है।

जलता कैसे कोई चराग़ अगर मान के बैठता,
फ़ैसला चिराग़ों की क़िस्मत का हवा किया करती है।

नहीं बैठ सकता हाथ पे हाथ रख मैं यूँ ही,
क़िस्मत तो बदलने वालों की हुआ करती है।

नाम तेरा अब लहरों पे पानी से लिख आता हूँ,
मिल के लहर से लहर मोहब्बत कहा करती है।

ग़लत है कहना मोहब्बत कमजोर हुआ करती है,
आता लड़ना उनको जिनको मोहब्बत हुआ करती है।

मोहब्बत में कभी दूरी कहाँ हुआ करती है,
दूरी बस फ़ासलों की मजबूरी हुआ करती है।

इस कदर वाक़िफ़ है आँगन मेरा तेरी बाद-ए-सबा से,
इधर फूल खिल आते हैं जब तू उधर हँसा करती है।

❖❖

दुख भरी दुनिया में ख़ुशियाँ कहाँ से लाऊँ

दुख भरी दुनिया में ख़ुशियाँ कहाँ से लाऊँ,
सोचा यादों के बाग से आम ही तोड़ लाऊँ।

जो खट्टे हैं आम बार-बार उन्हीं को खाऊँ,
ग़म तेरे चले जाने का मैं कैसे भूल जाऊँ।

सोचा तू नहीं तो तुमसा कोई ढूँढ लाऊँ,
मगर हो तो कोई तुझसा जो मैं ढूँढ लाऊँ।

हो गया अरसा रोते-रोते जी चाहता मुस्कुराऊँ,
बाग में यादों के फिर तुझसे दो नैन लड़ाऊँ।

सावन चला गया, अब सावन कहाँ से लाऊँ,
आसुओं को तेरे पलकों पे अपनी सजाऊँ।

तू क्या है मेरे लिए, मैं तुझे कैसे समझाऊँ,
ज़िंदा तो हूँ मगर आने से तेरे मैं जी जाऊँ।

❖❖

कब आते हैं कब जातें हैं

कब आते हैं कब जातें हैं पता कुछ नहीं,
हर वक़्त रहते हैं पास वो मेरे, दूरी कुछ नहीं।

नहीं देखता उनको जैसे कि दिखता कुछ नहीं,
देख लूँगा ग़र फिर दिखेगा कुछ नहीं।

लिखता हूँ रोज़ ख़त मगर लिखता कुछ नहीं,
कैसे लिखूँ एहसासे मोहब्बत, पता कुछ नहीं।

थक गया शायरी से शायर से होता जाता कुछ नहीं,
करते मोहब्बत बस मुँहजुबानी, करते-बरते कुछ नहीं।

हैं हज़ारों आसमान सूरज चाँद सितारे कुछ नहीं,
रह कर दुनिया में एहसास हुआ यार मैं तो कुछ नहीं।

पाने को है दुनिया पाया कुछ नहीं,
नहीं मिला सब कुछ, मिला कुछ नहीं।

❖❖

बेटे की साइकिल

बेटे की नई डिमांड आई है,
पापा अगले वीकेंड मार्केट चलते हैं।
मार्केट में नयी साइकिल आई है,
मुझे वो साइकिल पसंद आई है।
माउंटेन बाइक है विथ 21 गियर्स,
साथ में बैटरी भी कंपनी ने लगाई है।
एक बार चार्ज करो, फिर कहाँ दुनिया पकड़ पाई है।
मैंने कहा अगले वीकेंड क्यों?
इस वीकेंड चलते हैं।
अच्छे काम को जल्दी करने में भलाई है।
तुम कहो तो आज शाम को भी चलने में नहीं बुराई है।
मैंने आज ऑफिस से हाफ डे की छुट्टी लगाई है।

बोला :
आज तो मेरी प्ले डेट है।
इस वीकेंड का प्लान करने को,
आज घर पे कुछ दोस्तों की मीटिंग बुलाई है।
वैसे मैंने तो वीकेंड पर घर पे दोस्तों के साथ
प्ले स्टेशन पर फोर्ट नाईट खेलने की योजना बनाई है।
मैं थोड़ा सोच में पड़ गया,
मैं बोला फिर बेटा तुम्हें कहाँ साइकिल पसंद आई है।
तुमने तो फोर्ट नाईट खेलने की योजना बनाई है।
उधर से श्रीमती जी की आवाज़ आई है:
तुम्हारे पापा को बात बनाने के अलावा
कहाँ कुछ समझ आई है।

जब श्रीमती जी ने डांट लगा के जो सुनाई है,
मैं बोला, मेरी ऑनलाइन ऑर्डर में भलाई है।
बताओ तुमको कौन सी साइकिल पसन्द आई है।

आज बेटे को जब उसकी साइकिल दिलाई है,
पापा की दिलाई पहली साइकिल याद आई है।

याद अपनी हज़ारों आँखों से,
देखो क्या-क्या ढूँढ के लाई है।

आसमान के नीचे एक बेनाम सा शहर है,
दूर शहर में एक गुमनाम मोहल्ला है।
मोहल्ले में गली है,
गली के एक छोर पे बस पेड़ की छाओ में खड़ी है।
गली से बच्चों के क्रिकेट खेलने की आवाज़ आई है,
गली के दूसरे छोर पे एक छोटा सा मकान है।
मकान के बग़ल में एक दुकान है,
दुकान में रोज़-मर्रा का सामान है।
मकान में कच्ची ज़मीन के सहन पे एक बेल उग आई है,
जो मकान के चारों तरफ़ छाई है।
मकान के एक कमरे में बेड है, बेड पे रज़ाई है,
एक ब्लैक एंड वाइट टीवी कोने में चलती नज़र आई है।
टीवी पर एक कपड़ा है, कपड़े पर मम्मी की कढ़ाई है,
मम्मी स्वेटर बुन रही हैं और मैंने बेड पे लोट लगाई है।

मैं बोला :
मम्मी क्या पापा ने
ऑफिस से देर रात में आने की क़सम खाई है?
जब मैं सो जाता हूँ तो आते हैं,
और मेरे उठने से पहले चले जाते हैं।

ऐसी क्या आफ़त आई है?
इतने काम से क्यों प्रीत लगाई है?

बोली :
पापा ने इस परिवार की ज़िम्मेदारी उठाई है।
मम्मी की बात बीच में काट के, मैंने अपनी बात सुनाई है:

पप्पू, बबलू, चिंटू, सब की नई साइकिल आई हैं,
मुझे भी एक साइकिल पसंद आई है।
सबने शाम को साइकिल-साइकिल खेलते की रीत बनाई है,
मुझे उनकी साइकिल छूने की मनाई है,
क्योंकि तुमने मुझे साइकिल नहीं दिलवाई है।

मम्मी बोली :
बेटा याद है कितने नंबर लाए थे,
शायद नीचे से दूसरे पायदान पे आये थे।
तुमको पढ़ाई करने में क्या आफ़त आई है?
क्या बेकार की बात दिमाग़ में लाई है?

मैं बोला,
अगर साइकिल नहीं आई तो पढ़ाई से मेरी रुसवाई है।
मुझे अब साइकिल पसंद आई है,
मेरे दिल-ओ-दिमाग़ पर वही छाई है।
मम्मी ने चिल्लाके मेरी आवाज़ दवाई है,
भूल गए पिछले साल ही पापा ने नुमाइश घुमाई है।
वहाँ से बेट और बॉल आई है,
अंदर घर के खेल-खेल के,
तुमने घर की दीवालों को आग लगाई है,
मकान मालिक ने पापा को बहुत सुनाई है।

आँखों से अब गंगा जमुना बह आई है,
पहले आँखों को लाल करके,
अब गालों को गीला कर आई है।
देखो मेरी नाक भी बह के आई है,
रोते-रोते सो गया,
साइकिल के सपनों में खो गया।
अगले दिन फिर रोने में गुज़र गया,
इसी क्रम में दिन हफ़्तों में बदल गया।
अच्छा ठीक है,
आज पापा के आने की खबर आई है,
बोल देना पापा को कि साइकिल पसंद आई है।
मम्मी की सारी चालाकी समझ आई है,
पापा से आज तक मैंने कौन सी बात कह पाई है?

पापा देर रात आये,
अपने साथ हमारे सपने लाये।
हम सोने का नाटक करके,
अपनी सोच की नई साइकिल से
नागराज और सुपर कमांडो ध्रुव से मिल आये।

मम्मी बोली बेटे को साइकिल पसंद आई है,
वही उसके दिल-ओ-दिमाग़ में छाई है।
लेकिन इस महीने तो स्कूल की फ़ीस जमा कराई है,
और अभी 6 महीने पहले टीवी भी तो घर में आई है।
आपने भी तो मोटर साइकिल लेने की किश्त जमा कराई है।
पापा बोले :
कोई नहीं, अभी बेटे की साइकिल ले लेते हैं।
मुझे कहाँ मोटर साइकिल लेने की ऐसी ज़रूरत आई है।
मोटर साइकिल मेरे दिल पर नहीं छाई है,

वैसे भी गल्फ़ की लड़ाई से पेट्रोल में बड़ी महंगाई है।
मम्मी बोली:
झूठ मत बोलो, तुम्हारे सारे दोस्तों की मोटर साइकिल आई है,
लेकिन तुमने न लेने की क़सम खाई है।
पापा बोले:
अभी बेटे को साइकिल पसंद आई है,
वही उसके दिल-ओ-दिमाग़ पे छाईं है।

मैं सब सुन के चुप चाप सो गया,
दिल ख़ुशी का बगीचा हो गया।
साइकिल के सपनों में खो गया,
पापा सुबह बोले :
तुम्हें कैसे साइकिल पसंद आई है?
क्या कभी साइकिल चलाई है?
नहीं पापा,
हाँ और ना से ज़्यादा कहाँ ज़ुबान कुछ पापा से कह पाई है।

पापा अगले दिन बाज़ार आये,
लाल रंग की साइकिल ले आये।
हम ख़ुशी के मारे फुले नहीं समाये,
पापा हमारे सारे सपने पूरे कर लाए।
पापा देर रात आते थे सो नहीं पाते थे,
लेकिन हर रोज़ सुबह-सुबह
साइकिल चलाना सिखाते थे।
याद आता है उनका मुझे साइकिल पर बैठा के,
साथ-साथ दौड़ना,
कभी पीछे से पकड़ना,
और कभी छोड़ना।

और बोलना :

बेटा तुम कर लोगे,
ये तो कुछ नहीं है।
कल कार चला लोगे,
हवाई जहाज़ भी उड़ा लोगे।
अगर कभी गिर जाऊँ तो फिर उठना सिखाते थे,
बेटा जो गिरते हैं वही तो उठते हैं।
गिरोगे नहीं तो सीखोगे कैसे?
बहाने साइकिल के मुझे जीना सीखते थे।
पापा की कही एक-एक बात याद आई है,
आज बेटे को जब उसकी साइकिल दिलाई है,
पापा की दिलाई पहली साइकिल याद आई है।

❖❖

दोस्त का फ़ोन

आज दोस्त का फोन आया है,
कई साल बाद दोस्त का फोन आया है।
दिल थोड़ा घबराया है,
कि फोन क्यों आया है।
एक ही सवाल मन में आया है,
ज़रूर कुछ तो मतलब होगा,
बिना मतलब किसी को कौन याद आया है।
शायद इसलिए आज मुझे याद फ़रमाया है।

सोचा क्यों फोन उठाऊँ?
क्यों न मैं भी इतराऊँ?
पिछली बार मैंने फोन किया था,
थोड़ा बिजी हूँ, बाद में बात करता हूँ।
ये कह कर काट दिया था।
वो बाद आज ही तो आया है,
आज दोस्त का फोन आया है,
कई साल बाद दोस्त का फोन आया है।

पहले बात घंटों-घंटों होती थी,
घंटे कैसे दिनों में, दिन महीनों में,
महीने कैसे सालों में बदलते हैं,
ये हमारी दोस्ती ने हमें बतलाया है।
आज दोस्त का फोन आया है,
कई साल बाद दोस्त का फोन आया है।
याद करूँ तो क्या-क्या बातें दिल ढूँढ-ढूँढ के लाया है,
बे मतलब मटरगस्ती में की जो घंटों बातें वो लाया है।

साथ में देखीं मॉर्निंग शो की पिक्चरें भी ढूँढ के लाया है,
देखो रोज़ बदलती चाहतों की खुशबू भी ले आया है।

यार, वो वाली तो मेरी है,
मेरा दिल उसपे आया है।
अभी अपना नाम नहीं बताया है,
मगर दिल ने तेरी भाभी उसे बनाया है।
तू कोई और ढूँढ ले,
दोस्त की मोहब्बत पे डाका डालेगा,
क्या यही दोस्ती का तूने फ़र्ज़ निभाया है?
मैंने कह-कह के ये कभी उसे ये बहुत सताया है।

और कहना मेरा अक्सर:
यार, मम्मी पापा कुछ जानते नहीं,
यार, वो कुछ मानते नहीं,
मम्मी पापा ने डाट के मुझे बहुत सताया है।
मैं भाग जाऊँगा घर से, यार तू चलेगा न साथ मेरे?
यार, मन मेरा बहुत टूटने को आया है।

तेरा दोस्त है न साथ तेरे,
तुझे क्यों ग़म सताया है?
इस दुनिया को दो दोस्त समझा देंगे,
एक दिन अपना मोल बतला देंगे।
ये सूरज चाँद खुदा ने हमारे लिए ही तो बनाया है,
तूने दिल पे क्यों इतना बोझ उठाया है?
उसका मुझे समझाना-बुझाना मुझे बहुत याद आया है।

आज उसी दोस्त का फोन आया है,
कई साल बाद दोस्त का फोन आया है।

मैंने हिचकते हुए फोन उठाया है,
यार, तू कैसा है?

तेरी साँसों की आवाज़ बदल गई है,
क्या जुकाम हो आया है?
कभी भूले से, भूले से फोन कर लिया कर,
तेरा चेहरा भी भूलने को आया है,
तुझे देखे हुए जमाना हो आया है।
यार, मिलते हैं कहीं ऐसे ही, मटरगसती करते हैं कहीं,
दोस्त ने ये फ़रमाया है।

मैंने कहा, और बता कैसा है?
आज इतने सालों बाद दोस्त को कैसे याद कर पाया है?
बोला:
दोस्तों में रोज़ बात होना ज़रूरी तो नहीं,
भागदौड़ की ज़िंदगी में दोस्ती पे क्या ये क़र्ज़ ज़रूरी है?
तूने भी तो बात नहीं की मुझसे,
क्यों इतने एहसान में आया है?

मैं कुछ पल ख़ामोश रहा,
अपने गिरेबान में झांकता रहा।
फिर मैं बोला:
यार, कैसा है?
दोस्त बोला:

तुझसे बात करने का ऐसे ही मन कर आया है,
मन नहीं लगा तो दिल तुझे फिर पुकार लाया है।
वैसे तो सब सही है मगर डॉक्टर ने कैंसर बताया है,
खामोशी की आवाज़ चीख के बोल रही है मुझसे,
अना ने मेरी आज ये दिन मुझे दिखाया है।
मतलबी तो सबसे बड़ा मैं हूँ,
जो दोस्त के साथ खड़ा नहीं रह पाया है।
दोस्त का फोन मतलब से नहीं आया है।

❖❖

मेरी इतनी कहानी है

कहानी में प्यार की, मेरी इतनी कहानी है,
वो, ये नहीं चाहते और वो, वो नहीं चाहते।
चाहत में चाह की हम कुछ भी नहीं चाहते,
चेहरे पे उनके बस मुस्कुराहट चाहते।

न सूरज चाहते, न चाँद चाहते,
हाथ के उनकी रोज़ एक प्याली चाय चाहते।
हम चाहते थे मगर वो नहीं चाहते,
ख़ैर चाहते हैं जिन्हें उनसे कुछ नहीं चाहते।

उनसे ज़्यादा अब याद को उनकी चाहते,
भुलाते हैं रोज़ उन्हें मगर भूलाना नहीं चाहते।
आलोक मिटा अंधकार को ही चाहते,
देखते रहते हैं उन्हें किसी और को चाहते।

यार दोस्त बहुत समझाना चाहते,
मगर हम न कुछ कहना न सुनना चाहते।
चाहत में चाह की बर्बाद होना चाहते,
बर्बादी का मगर मलाल भी नहीं चाहते।

बाद उनके आईने से भी दुश्मनी चाहते,
बस एक नज़र उनको देखना चाहते।
हाल उनको भी अपना बताना नहीं चाहते,
ज़िंदा रहने को बस एक नज़र उनकी चाहते।

बहुत चाहते हैं मगर लगता है कम हैं चाहते,
अब चाहत में उस मुक़ाम पर पहुँचना चाहते,
चाहत की जहाँ बस चाहने को चाहते,
चाहत में चाह की और कुछ भी नहीं चाहते।

❖❖

चन्द्रयान

हिंदुस्तानी रिश्ते बनाते रहे हैं सूरज चाँद तक,
नौनिहालों को गले में हम पहनाते रहे हैं सूरज चाँद तक।

रूठे बच्चे को कभी मनाया बता के मामा हमने चाँद तक,
तब भी न माना, पानी थाली में भर कर दिखाया चाँद तक।

कभी दिखती थी हमको बूढ़ी बुढ़िया सूत कातती चाँद तक,
कभी छलनी से अपना प्रीतम दिखाई दिया हमें चाँद तक।

इस बार तो अब फूला नहीं समा रहा वो भइया चाँद तक,
धरती ने हिंदुस्तान की जब भेजी है राखी चाँद तक।

मोहब्बत में कह देते हैं महबूब को हम चाँद तक,
लहराया है झंडा हमने अपना तभी तो चाँद तक।

होने लगी कुलबुलाहठ अब धरती से चाँद तक,
मचा दिया हिंदोस्तान ने कोहराम धरती से चाँद तक।

नहीं थे पंख मगर ऊँची थी हिम्मत की उड़ान चाँद तक,
पहुँच गए तभी बैल गाड़ी और साइकिल से हम चाँद तक।

नहीं किया क़याम पार किए कई बयाबान चाँद तक,
नहीं था आसान पर दिये बना रास्ते धरती से चाँद तक।

बयाबान- मरुस्थल, कठिन रास्ते
क़ायम- आराम

आज गुमान में हो गया है बहुत वो चाँद तक,
कि पहुँच गया है हमारा प्यारा हिंदुस्तान चाँद तक।

❖❖

कुछ किया ही नहीं

उमर है कि रोज़ ढलती जाती है मगर कुछ किया ही नहीं,
आज भी माँ के पास आ के लगता है कि बड़ा हुआ ही नहीं।

ज़िंदगी वैसे तू बेवफ़ा है बहुत मगर अब कुछ गिला ही नहीं,
घर आ के ऐसा कोई ज़ख़्म नहीं मेरा, जो सिला ही नहीं।

साथ रहा हर पल जैसे कुछ और काम काज ही नहीं,
भूल गया वो, छोटा भाई है मेरा, वो मेरी माई है ही नहीं।

भर दिया सब सामान दुनिया का कुछ बचा ही नहीं,
भर गया कटोरा मोहब्बत का लगता है फिर भी भरा ही नहीं।

सोचा बहुत कि थाम लूँ मगर थमता ही नहीं,
वक्त बड़ा बेमुरव्वत है कभी रुकता ही नहीं।

लो आ गया फिर बिछड़ने का दिन वो रुका ही नहीं,
ज़िंदगी के दिन वो भी इतने कम जैसे मैं जिया ही नहीं।

ज़िंदगी तेरी इससे बड़ी कुछ सज़ा ही नहीं,
बिछड़ते वक़्त बाप ने बस देखा कुछ कहा ही नहीं।

❖❖

आसान बनाना पड़ता है

दुश्वार है तू बहुत मगर तुझे आसान बनाना पड़ता है,
जानती है रोना मगर ज़िंदगी तुझे हँसना सिखाना पड़ता है।

जीने के लिए मर-मर कर भी जीना पड़ता है,
बनती नहीं है ख़ुद, उस क़िस्मत को बनाना पड़ता है।

कल बनाने को कल को भूल जाना पड़ता है,
फिर आज की बुनियाद पर कल बनाना पड़ता है।

छूट गया घर मगर अब शिकवा क्या करना,
दाना लेने पंछी को भी नशेमन छोड़ कर जाना पड़ता है।

❖❖

घर की दीवारें

साँसें लेती थीं दीवारें,
आवाज़ें देती थीं दीवारें,
आहट भी सुन लेती थी वो दीवारें,
ख़ामोश हो गई मगर वो घर की दीवारें।

सुनता रहता हूँ खामोशी,
ऐसा नहीं मुझसे झूठ बोलतीं,
लेकिन अब नहीं है मुँह खोलती,
ऐसा नहीं कि कुछ है छुपाती,
मगर अपने से नहीं कुछ बताती।

घर की दीवालों पे चेहरे हैं,
वो जाने पहचाने गहरे हैं,
जो मैंने कभी उकेरे हैं,
मगर अब अजनबियों से पहरे हैं।

बातें बस शिष्टाचार की सी होतीं,
कहाँ ठहाके वो ठहरे हैं?
नहीं किसी को जानता न ही पहचानता,
लगा रखे दीवालों ने चेहरों पे कई चेहरे हैं।

दरवाज़े हो गए बंद, खुल नहीं रहे दरीचे,
लगता सभी रोशनदानों पे भी कड़े पहरे हैं,
पूछता, खामोशी के साये इतने क्यों गहरे हैं?
डाले क्यों दीवारों ने मुँह पे ताले घनेरे हैं?

न कुछ कह कर मगर कुछ तो कहतीं दीवारें,
लगता नाराज़ हो गई मुझसे घर की दीवारें,
छोड़ जब आया तब,
रोतीं बिलखती थी घर की दीवारें।

पहले पूछती बतियाती थी जब घर की दीवारें,
तो लगता था सब मेरे हैं,
अब नहीं कुछ पूछती बस कहती रहतीं,
"और बताओ क्या हाल तेरे हैं?"
हम सब यहाँ सही हैं, तुमको क्यों चिंताएँ घेरे हैं?
कोई तो समझो, दूरी मेरी मजबूरी थी,
प्यार में नहीं कोई दूरी थी,
रोटी भी तो मगर ज़रूरी थी।

लगता कभी छाये जो मुझ पे वो कोहरे हैं,
ज़िंदा रहने को मगर अब ग़म ये मुझे बहुतेरे हैं,
नहीं कोई अब सपने सुनहरे हैं,
हो गए दुनिया में हम इकहरे हैं,
जब से घर की दीवारों ने मुँह फेरे हैं।

घर की दीवालों पे जो चेहरे हैं,
वो सारे के सारे मेरे हैं।

❖❖

घर का चराग

मोहब्बत में दे दी उसे जब मैंने सीने की आग,
लख़्त-ए-जिगर मेरा तब बना घर का चराग।

ज़िंदगी में ज़िंदा रहने को चाहिए प्यास,
जीने को मगर चाहिए थोड़ा सा फ़राग़।
फ़राग़-संतोष

माँगती है हर मोहब्बत साथ और विश्वास,
ज़रूरी है मगर मोहब्बत में थोड़ा सा फ़िराक़।
फ़िराक़-जुदाई

माना अंधेरा है बहुत, नहीं दिख रहा हाथ को हाथ,
मत रोकना आँखों को मगर देखने से रौशनी के ख़्वाब।

नहीं देख सकता आँखें तुम्हारी मैं बेख़्वाब,
टिमटिमाती हैं पलकें, ख़्वाब ही होते हैं चराग।

तू सदा जलाते रहना अपने हिस्से के चराग,
चराग से एक देखना जल उठेंगे लाखों चराग।

❖❖

सुनो आज मैंने धमकाया आसमान

सुनो आज मैंने धमकाया आसमान,
आज तोड़ कर रख दी उसकी आन।
नहा के आया आकाश गंगा में,
सितारों के मैंने मोड़े हैं दोनों कान।
सूरज पे उगाया मैंने धान,
सुनो आसमान से ऊँचा है मेरा मचान।

कह सकते हो तुम मैं हूँ झूठा, है मुझमें भी अभिमान,
कविताओं में मेरी होती है झूठ की तान।
पूछते रहते हो तुम मुझसे फिर भी,
क्यूँ करता हूँ कविताओं का इतना मान?

हाँ मैं दोषी हूँ, नहीं बनाया कोई सच का मकान,
सुनो मगर मैं नहीं हूँ इतना नादान।
न ही है मुँह में कोई अभिमान,
ये है मेरी कल्पना की उड़ान।
कविताओं की होती है अपनी ही शान,
चाहे सूरज पे बनाओ घर, चाहे तोड़ो चाँद,
नहीं रोक सकता कोई भी ज्ञान और विज्ञान।
उग जाते हैं पंख, मिल जाती है मुझे उड़ान,
छू लेता हूँ आसमान से आगे आसमान।
माना आज झूठ है,
है कोरी कल्पना का विमान,
सुनो मगर कोई एक कविता एक रोज़,
बन जाती है माँ समान,
जन्म दे कर नया संज्ञान,
कल्पना की सोच में कर देता है वो इंसान,
जो न कर पाया दुनिया में भगवान।

❖❖

वो चाँद का टुकड़ा

था बादल का आधा सा घूँघट,
बारिश की बूँदों का पल्लू था लटका।
सफ़ेद था सारी का कपड़ा,
था जाड़े में अकड़ा।
सोचता भूला रास्ता,
या किसी ने उसे पकड़ा।
देखता रहा टकटकी,
रात का टुकड़ा,
वो चाँद का टुकड़ा।

पूछा जो, क्या मोहब्बत है?
हो के मुखर, मुकरा,
मगर भूला सब देख के मुखड़ा।
रात का टुकड़ा,
वो चाँद का टुकड़ा।

खेता मोहब्बत की कश्ती,
लिए दिल में मस्ती,
अरमानों की बस्ती,
मिटा के हस्ती,
खो के चमक में उसकी,
अपनी सुध-बुध,
दिन में बदला, रात का टुकड़ा,
ख़ुद में समा चाँद का टुकड़ा।

हिरण कस्तूरी सा,
ढूँढता रहता दिन भर,
हुआ कभी बड़ा तो कभी सुकड़ा,

रात का टुकड़ा,
वो चाँद का टुकड़ा।

क़िस्मत ने था पटका,
मिलता रहा झटका,
रहता रास्ता भटका,
मगर मन नहीं चटका,
लिए मोहब्बत का मटका,
ढूँढता रात का टुकड़ा,
वो चाँद का टुकड़ा।

क्या देखा तूने,
जो था आसमाँ में अटका?
कभी पेड़ पे लटका,
कभी दीवार से सटता,
दिलरूवा के चेहरे सा लगता,
पूछता फिरता,
रात का टुकड़ा,
चाँद का टुकड़ा।

नूरे हयात, मेरी कायनात,
हबीब, जाने अज़ीज़,
हमराज़, हमनफ़ज़,
हमनवाँ, हमसफ़र,
गुलवदन, गुलपैरहन, जानेमन,
नहीं लगता तेरे बिन मेरा मन,
तू मेरे दिल की धड़कन,
रहता पुकारता फिरता,
रात का टुकड़ा,
वो चाँद का टुकड़ा।

❖❖

देख के पुरानी तस्वीर समझ आया

देख के पुरानी तस्वीर समझ आया,
कोई मुझे कभी क्यों न समझ पाया।
देखा बचपन से जिसने भी मुझे,
चेहरे पे मेरे सिर्फ़ तुझे लिखा पाया।

मैं जो कुछ भी हूँ, तूने मुझे बनाया,
तूने दुनिया से मुझे मिलाया।
जब बात कहनी हो अपनी,
तो तूने शब्दों से परिचय करवाया।

बदल दिया वक़्त ने चेहरा,
अब वो कहाँ तुझ सा खूबसूरत रह पाया।
लेकिन मेरी सोच पर तू है जिस तरह छाया,
वो वक़्त भी नहीं बदल पाया।

बहुत तकलीफ़ें सही तूने,
मगर तेरा साया हमेशा मेरे सर पे आया।
ज़िंदगी में फिर ऐसा दौर आया,
मैं तुझे अकेला छोड़ आया।

जब तूने कहा, गर्मी बहुत है,
प्यास लगी है,
मैं तुझे पानी भी न पिला पाया।
सबसे ज़्यादा जब ज़रूरत थी मेरी,
तूने ख़ुद को अकेला पाया।
मैं साथ तेरे न रह पाया,

नम हो के खुश्क हो गईं आँखें तेरी,
आँखें मगर तेरी मैं चूम न पाया।
ज़िंदगी लगा जो तूने बनाया,
कहाँ मैं इंसान वो रह पाया।
मैं कहाँ तुझ सा बन पाया,
पापा, मैं तुझे अकेला छोड़ आया।

लेकिन तुझे ख़ुदा सा हर जगह पाया,
तू कहाँ मुझे अकेला छोड़ पाया।
हर वक़्त तू ही तो काम आया,
तूने मुझे अब भी है गोद में उठाया।
मैं गिरा जब भी, तूने सीने से है लगाया।

घर में है एक दरख़्त उग आया,
साये में रोज़ जिसके मैं बैठ आया।
करता है वो बातें मुझसे और मैं उससे,
कभी मैं तुझसे जो न कह पाया।
लगता वो दरख़्त तू ही बन के आया,
आज मैं उस दरख़्त को पानी पिला आया।

❖❖

खो गई अचकन जो तूने थी बुनाई मुझे

खो गई अचकन जो तूने थी बुनाई मुझे,
बरसों बाद मगर दिखाई दी वो सलाई मुझे।

कभी छिपाई किताब में तस्वीर तेरी नज़र आई मुझे,
जावेदानी होती सिर्फ़ मोहब्बत समझ आई मुझे।

बनाई है ख़ुदा ने हर चीज़ खूबसूरत,
नहीं तुझ सा मगर कोई दूसरा देता दिखाई मुझे।

रास्ता याद न रहगुज़र की लंबाई मुझे,
हम सफ़र की याद सफ़र की कमाई मुझे।

वहम-ओ-यक़ीन की हदों के पार खींच लाई मुझे,
लगा यूँ निकल तस्वीर से तू मिलने चली आई मुझे।

तस्वीर तेरी देख मुझें मुस्कुराई नहीं,
रसाई लगी तेरी ना-रसाई मुझे।

मोहब्बत की ज़ख़्मों से है आशनाई बहुत,
फिर दिल की चोट ने तेरी याद बहुत दिलाई मुझे।

❖❖

दौड़ता नहीं चहल कदमी सी करता हूँ

दौड़ता नहीं, चहल कदमी सी करता हूँ,
सफ़र में नज़ारा छूटने से डरता हूँ।

सफ़र तेरी यादों का हौले हौले करता हूँ,
बदलियों से आसमाँ में तेरा रूप गढ़ता हूँ।

याद खिला देती तबस्सुम चेहरे पे मेरे,
जानती हो, मैं अब भी तुझ पर मरता हूँ।

तू चला गया और मैं तुझे रोक नहीं पाया,
क्या कहूँ, अब रोज़ कितनी मौत मरता हूँ।

जाने से तेरे हो गया दायरा छोटा मेरा बहुत,
अब ऐसे वैसे लोगों को भी खोने से डरता हूँ।

❖❖

फसल वैसे तो बदलाव की हमने कोई बोई नहीं

फसल वैसे तो बदलाव की हमने कोई बोई नहीं,
शहर मगर आया जब से रसोई में गाय की लोई नहीं।

चीज है एक जो मिल तो नहीं रही मगर खोई नहीं,
हो गई नम इतनी आँख कि फिर हमने धोई नहीं।

बाप बनने पर लगता है कि होता बाप जैसे कोई नहीं,
ऐसी कोई ख्वाहिश नहीं मेरी जो तूने ढोई नहीं।

बात तो तुझसे मेरी ढंग से कभी होईं नहीं,
बिना मगर तेरी बातों के मेरी कोई गोई नहीं।

सोया रहा मैं रात भर और आँख है मेरी कि सोई नहीं,
हर आहट पे लगता है मुझे तू है पर होता कोई नहीं।

लगता अब भी भूल जाऊँगा, रास्ते की कोई टोह ही नहीं,
सालों हुए उँगली अपनी हथेली में तेरी पोई नहीं।

सब कुछ है दुनिया में पर है तेरे सिवाह तो मेरा कोई नहीं,
याद आता है हरदम मेरे गिरने पर कहना तेरा "बेटा कोई नहीं।

❖❖

मत हो परेशान ग़र तुझे कोई याद न करे संसार में

मत हो परेशान, ग़र तुझे कोई याद न करे संसार में,
निकलने पे मतलब भूल जाते लोग भगवान संसार में।

लगता है देख के हाल भगवान का संसार में,
मोहब्बत से बड़ी कोई नफ़रत नहीं संसार में।

हर एक को होता सिर्फ़ मतलब, मतलब से संसार में,
भूलना मत, आदमी ही है, होता बस जानवर संसार में।

विश्वास में ही तो होता है घात इस संसार में,
दोस्त ही होता सबसे बड़ा दुश्मन संसार में।

करके मगर मोहब्बत कभी मत छोड़ना संसार में,
बदला ले रही अयोध्या राम से आज तक संसार में।

घर छोड़ोगे तो फिर घर, घर न मिलेगा संसार में,
लौट आने पे राम को न मिली वो अयोध्या संसार में।

❖❖

चले गये तुम करके शीशा-ए-दिल को पाश-पाश

चले गये तुम करके शीशा-ए-दिल को पाश पाश,
लगता मगर दिल के हर टुकड़े को हो तुम आसपास।
पाश पाश - चकनाचूर

ख़्वाहिश हो, ख़्वाब हो, ख़्याल हो कि हक़ीक़त या क़यास,
करता रहता हूँ सभी बातें तुमसे दिल की मगर ख़ास-ख़ास।

पी गया समुंदर आंसुओं का मगर नहीं बुझती प्यास,
भूला सभी कुछ सिवाह तेरे अब नहीं बचा ख़ुद-शनाश।
ख़ुद-शनाश - ख़ुद की पहचान

याद ही करती खुश मुझे और याद ही तेरी करती उदास,
इधर कभी उधर ढूँढता फिरता रहता हूँ तुझे मैं बे-हवास।

तुझे ही ओढ़ता, बिछाता तू ही मेरा कल आज इतिहास,
जोड़ के वक़्त दिया बना लिबास जैसे हो फूल कपास।

चले गये तो चले जाओ क्यों रहते हो पास-पास,
जादू टोने सी मोहब्बत तेरी जैसे कोई फूल पलाश।

सोचता हूँ तुझे, बोलता हूँ तुझे और रहता हूँ पशोपाश,
फूंक के मंतर उल्टा अब दे दो मोहब्बत से मुझे अवकाश।

❖❖

लाया फ़लक से मैं एक रौशन सितारा उतार के

लाया फ़लक से मैं एक रौशन सितारा उतार के,
फिर जीता रहा मैं ज़िंदगी अपनी उसपे वार के।

देखें हैं हमने जलवे सभी ख़ुदा और कभी यार के,
नहीं सिवाह तेरे कोई रख दूँ जिस पे मैं जाँ निसार के।

तेरी हसीं है जैसे खिल गये हज़ार फूल बहार के,
तेरे हर आंसुओं पे वार दूँ मोती सारे संसार के।

व्याकुल रहता सुनने को बोल तेरे जैसे हो सितार के,
शोर तेरा जैसे सुन रहा हूँ मैं मधुर गीत झंकार के।

झोली में मेरी डाल के सारी ख़ुशियाँ अम्बार के,
छीन लिये तूने आंसू सारे मेरे जैसे थे वो उधार के।

ज़िंदगी मेरी बना दी ज़िंदगी तूने संवार के,
बिना तेरे फूल सभी लगते हैं मेरी ही मज़ार के।

तू बुलबुल और मुंतज़िर शज़र सारे तेरी आवाज़ के,
बेशक़ीमती मुझे खेल तेरे साथ जो खेले मैंने बेकार के।
मुंतज़िर - इंतज़ार करने वाला
शज़र - पेड़

काँटें निकालूँगा सभी तेरे पैरों से दुनियाई अज़ाब के,
बेटी तू ऐसे ही रोज़ फूल बन के खिलते रहना गुलाब के।
अज़ाब - कठिनाइयाँ, दुख

❖❖

कभी ये देखना तो कभी वो देखना

कभी ये देखना तो कभी वो देखना,
न जो दिखाई दे मोहब्बत में वो देखना।

याद रह गईं मोहब्बत की अठखेलियां,
लट को बिखराते तो कभी संवारते देखना।

अच्छा लगता था इधर-उधर देखना,
अच्छा लगता था तुझे जलते देखना।

कभी मेरा चिलमन के पीछे तुझे देखना,
कभी तेरा घूँघट की ओट से मुझे देखना।

कहूँ कैसे तुझसे, है कितना मुश्किल,
तेरे बिना ये फूल भी खिलते देखना।

बीता पर नज़रों से वो नजारा नहीं जाता,
नाम मेरा लेते होठों को तेरे लरजते देखना।

रहती है मोहब्बत उम्मीद-ओ-यक़ीन के पार,
आदत गई नहीं मेरी गली में खिड़की तेरी देखना।

भूल तो गया तुझे मगर नहीं भूलता,
जाते हुए तेरा मुड़ मुड़ के मुझे देखना।

❖❖

रोज़ आँखो का यूँ ही जारी मेरा मलना रहा

रोज़ आँखों का यूँ ही जारी मेरा मलना रहा,
छोड़ गया मगर जारी उसका दिखना रहा।

सोचा हटेगा कभी तो उस खिड़की से पर्दा,
मेरा गली में उसकी रोज़ आना-जाना रहा।

कभी खेला आशा ने कभी निराशा ने फेंक दिया,
मैं बन के हाथों का उनके खेल खिलौना रहा।

सोच कर कोई तो नहीं डूबेगा कभी,
मेरा जारी पानी में पत्थर फेंकना रहा।

शायद मिल जाए लिखा हुआ जो नहीं लिखा,
मेरा तक़दीर की तहरीर का जारी पढ़ना रहा।

पढ़ा था कहीं लिखा उसका भी बदलता है,
फिर मुसलसल मेरा तक़दीर से उलझना रहा।

माह-ए-सौम नहीं ईद का आशियाना रहा,
जारी मुक़द्दर का मुझे बस आजमाना रहा।
(माह-ए-सौम - रमज़ान का महीना)

ऐसा नहीं कि वो नहीं मुझ पे मेहरबान रहा,
मगर वो मिला नहीं जिस पे दिल आशना रहा।

❖❖

बाज़ार

बजता है डमूरा जब भी बाज़ार में,
पड़ता है दिखाना करतब बाज़ार में।

आदमी जो कुछ भी करता बाज़ार में,
चाहता कोई तो ख़रीद ले बाज़ार में।

बेचते बेचते बन गया जमूरा बाज़ार में,
नहीं आया मगर मुझे बेचना बाज़ार में।

कुछ हुनर चाहिए बेचने को बाज़ार में,
रास आ आए ख़रीदार को जो बाज़ार में।

कुछ बेचना हो जो अगर बाज़ार में,
नहीं लगने दो पता बेच रहे हो बाज़ार में।

सब है बिकता दुनिया के बाज़ार में,
कौन मगर ख़रीदता सच बाज़ार में।

झूठ ख़रीदा झूठ ही बेचा जाता बाज़ार में,
झूठ की दुनिया झूठ का कारोबार बाज़ार में।

❖❖

आदमी अकेले में कहाँ अकेला होता है

लिखता है क़ातिब-ए-वक़्त जब लम्हों की दास्तान,
रात की स्याही, दिन का काग़ज़, यादों का कलम होता है।
क़ातिब-ए-वक़्त-समय का लेखक

आदमी अकेले में कहाँ अकेला होता है,
संग यादों का उसके काफिला होता है।

ठहर जाता है रात में पलकों पे गुलाब की,
शबनम नहीं, वो याद में रात का आँसू होता है।

धूप में सूख जाती है वो शबनम भी,
झमेला यही दुनियादारी का होता है।

रातें गुज़रती हैं रोते सुबकते याद में जिसकी,
एहतियातन सुबह उसे भूल जाना होता है।

इंसान मगर वो सच में अच्छा होता है,
जिनको मोहब्बत का तजुर्बा होता है।

❖❖

बैठ गया

कौन जा पाया कभी किसी को छोड़ के,
मोहब्बत से जो दिल में आया, वो बैठ गया।

मुद्दत से जब आये नहीं वो छत पे अपनी,
आस का पंछी छत पे उनकी बैठ गया।

लगा पता चला गया सवेरे वाली गाड़ी से,
पहले गला बैठा, फिर दिल मेरा बैठ गया।

डूबते को वैसे तिनके का सहारा ही काफ़ी था,
हाथ छोड़ते ही उसके जहाँ ही सारा बैठ गया।

उसे भूल तो जाऊँ, मगर कैसे ये भूल जाऊँ,
मेरे पास तब आया जब हार के मैं बैठ गया।

बो गया, जाते-जाते याद का दरख़्त,
साये में उसके मैं जब चाहा तब बैठ गया।

दुनिया में वैसे कौन ही किसी का होता,
लगा अपना वो सुनने दिल की जो बैठ गया।

❖❖

रंगीन बहुत होती है किताबों में मोहब्बत

रंगीन बहुत होती है किताबों में मोहब्बत,
सच पता चलता है मोहब्बत होने के बाद।

दे देते हैं जान, जान पे जान आने के बाद,
मर जाता है इंसान मोहब्बत करने के बाद।

बर्बादी ज़रूरी है मोहब्बत बुलंद होने को,
रंग लाती है हिना पत्थर पे घिस जाने के बाद।
हिना - मेहँदी

सोचता रहता हूँ तेरे जाने के बाद,
मैं ज़िंदा कैसे हूँ तेरे जाने के बाद।

दरिया आग का सारा पार कर गई मोहब्बत,
रुक गई मगर चाँदी की दीवार आने के बाद।

रोता रहता अपनी क़िस्मत पर उमर भर,
गरीब आशिक़ मोहब्बत करने के बाद।

सिवा गुस्से के कुछ नहीं होता गरीब के पास,
होता गुस्सा भी कम गौहर चाँदी की अंगूठी में पहनने के बाद।
गौहर - मोती

❖❖

रौशनी

रौशनी होती नहीं बर्दाश्त ज़्यादा,
धूप में चश्मा लगा लेता हूँ।
डर न जायें ख़ुशी से कहीं,
तहे दिल ग़मों को छुपा लेता हूँ।

थक जाता हूँ मोहब्बत के ग़मों से जब,
ग़म-ये-रोज़गार में ख़ुद को उलझा देता हूँ।
मोहब्बत के सिवाह ग़म और भी हैं ज़माने में,
ख़ुद को फिर समझा देता हूँ।

देख आसमान में चाँद जो तोड़ा तेरे लिये,
झूठों का ख़ुद को सरदार बता देता हूँ।
दिन में भी बंद कर के अपनी आँखें,
लौट आने का तेरे झूठा ख़्वाब उन्हें दिखा देता हूँ।

दौर में तल्खियों के होठों को तेरे,
चूमे अब ज़माना हुआ।
बगिया से मोहब्बत की आम तेरी याद के,
होठों को चखा देता हूँ।

मोहब्बत के ज़ख़्मों में जब दर्द होता बहुत,
लिख के शेर कुछ मरहम लगा देता हूँ।
याद तेरी जब हद से ज़्यादा सताती है मुझे,
किसी रोते बच्चे को हँसा देता हूँ।

❖❖

नव यौवना हो गई धरती

नव यौवना हो गई धरती,
चंचल आकाश हो गया है।
सुन के सावन के मेघों से भेजा जो उसने,
वो मृदुल प्रेम प्रस्ताव स्वीकार हो गया है।
नाच रहा नभ ऐसे जैसे मन मयूर हो गया है।

महक उठी हैं हवाएँ ऐसे जैसे,
हवाओं में फूलों का रस घुल गया है।
छू के पानी को हवाएँ बजा रही हैं जल तरंग,
समाँ भी शहनाई का हो गया है।

क्षितिज पर देखो तो लगता ऐसे,
जैसे कि शामियाना सज गया है।
रची है हाथों में धरती के मेहँदी,
सुर्ख़ फूलों का सिर पे,
झीना सा आँचल सज गया है।

वसुधा से मिलने को आकुल व्याकुल,
उछल कूद मचा रहा बादलों में जो गगन।
झलक दिखला रहा पानी में ऐसे,
जैसे नीर झील का मन दर्पण हो गया है।

चहचहा के बोली कोयल से बुलबुल,
हल्दी के पानी से नहाया अंबर कुछ चम्पई हो गया है।
लग रहा है ऐसे जैसे धरती आकाश का ब्याह हो गया है।

❖❖

ये ख़ुशबू सी कैसी आई

ये ख़ुशबू सी कैसी आई,
ख़ुशबू से मदहोशी सी छाई।
जैसे हवा कोई इत्र लगा आई,
हवा ने नया सुर सुनाया है,
लगता है कोई खिलखिलाया है।

बच्चे की तरह मुस्कुराया है,
देखो, कोमल है कितना,
लगता है चाँदनी की सेज पर बैठ के आया है,
तितलियों ने पंखों पे अपने सुलाया है।

देख के लगता है,
जैसे यादों ने अपना रूप उगाया है,
बच्चे की आँखों में सपना झिलमिलाया है।

इतना सुंदर है,
जैसे रात ने ख़ुद दीप जलाया है,
जैसे ऊषा ने गीत गुनगुनाया है।

सवेरे की पहली किरन से जग आया है,
बगीचे में घर के,
आज फूल एक खिल आया है।

❖❖

आँख खुल गई

आँख खुल गई मगर ख़्वाब नहीं भूल पाई है,
ढूँढते ढूँढते ख़्वाब आँख बहुत दूर चली आई है।

आँख को अब इतनी सी बात समझ आई है,
ख़्वाब से भी सुंदर ख़ुदा ने दुनिया बनाई है।

खुश हुई बहुत मगर फिर आँख मुरझाई है,
सोचा आँख ने ये तो ख़्वाब से बेवफ़ाई है।

दुनिया ख़्वाब से सुंदर कैसे ये सोच आई है,
ये तो ख़्वाब की मोहब्बत को चोट पहुँचाई है।

हरकत पे अपनी आँख शर्मसार हो आई है,
फिर याद कर ख़्वाब को आँख भर आई है।

नज़र में हर नज़ारे को आँख देख आई है,
आँख मगर ख़्वाब सा प्रेम कहाँ पा पाई है।

ढूँढते ढूँढते ख़्वाब आँख डबडबा आई है,
मूँद के ख़ुद को ही आँख ख़्वाब से मिल पाई है।

आँख ख़्वाब ख़ुद के अंदर ही तो पाई है,
प्रेम ख़ुद में ही हैं आँख को समझ आई है।

❖❖

जानते हैं हक़ीक़त

जानते हैं हक़ीक़त सभी दोस्तों की हम,
तभी दुश्मनों को भी दोस्त बनाये रखते हैं।

सफ़र में मोहब्बत के कभी कोई मंज़िल नहीं होती,
बिना एक मरकज़ को ही मक़सद ज़िंदगी लुटाये रखते हैं।

जिन पे दिल ओ जान हम लुटाये रखते हैं,
वही तो दिल-ए-मासूम को सताये रखते हैं।

कुछ अरमान हक़ीक़त नहीं हसरत बन के रह गए,
ख़्वाबों के गुलाब फिर भी आँखों में खिलाए रखते हैं।

बगीचा ख़्वाबों के गुलाबों का ज़ंग-आलूदा हो गया,
बना के मगर टूटे फूलों से माला जग महकाये रखते हैं।
(ज़ंग-आलूदा - जर्जर)

सीखा बचपन में उकेरना ख़्वाबों को काग़ज़ पे,
तो अंधेरों में मन के काग़ज़ पे सूरज उगाए रखते हैं।

खुश्क हो जाती है जब दिल की ज़मीन बहुत,
बना के आँखों को नदिया हम बहाये रखते हैं।
(नादिया - नदिया)

आँसूओं को कभी हमारी कमजोरी मत समझना,
जिगर पत्थर का और दिल मोम का सजाये रखते हैं।

जो लोग चेहरे पर तबस्सुम जगाए रखते हैं,
वो आँधियों में भी दीपक जलाये रखते हैं।

पाठ जो मोहब्बत ने वफ़ा के पढ़ाये हमको,
कुछ इस तरह हम रोज़ दोहराये रखते हैं।

रौशन किया अंधेरी रात को जिसने,
वो दिया हम दिन में भी जलाये रखते हैं।

❖❖

जिनको कहानी का हम

जिनको कहानी का हम अपनी कहानीकार समझते हैं,
नहीं वो हमें कहानी का कोई किरदार समझते हैं।

सारे यार हमारे हमें यारों का यार समझते हैं,
एक वो हैं जो नहीं हमें अपना कोई यार समझते हैं।

मिटते रहते हैं जिन पर हम मर मर कर,
नहीं हमें मोहब्बत से कोई सरोकार समझते हैं।

हम जिनको ही अपना संसार समझते हैं,
हमें वो बस संसार समझते हैं।

जब जो चाहे ज़ुल्म कर ले इस नाज़ुक दिल पर,
हम दिल की ज़मीन पर उनकी सरकार समझते हैं।

तलब बड़ा देता है कहना उनका नहीं-नहीं भी,
इंकार को भी मोहब्बत का इसरार समझते हैं।

चेहरे से जब वो गिरी लटों को अपनी हटाते हैं,
तो क़त्ल का हम उन्हें अपने ज़िम्मेदार समझते हैं।

कोई और तरीके आज़माओ हमें इंकार करने के,
जान नज़रों के झुकाने को तो हम इज़हार समझते हैं।

हम तो इश्क़ को अपना कारोबार समझते हैं,
करता हूँ शायरी तो लोग बेरोज़गार समझते हैं।

नहीं समझते हैं जो समझते हैं कि हमें समझते हैं,
और यार कहते रहते हैं हमें अपना यार समझते हैं।

❖❖

साथ रहती है हमेशा

साथ रहती है हमेशा मेरे दुआएँ बन के सआदत,
देखा ही नहीं मैंने कोई राह का पत्थर कभी कुछ।

झलक आती है मेरे हर कदम पर माँ की इबादत,
मिल ही जाता है मुझे बिना कुछ किए सभी कुछ।

मिली मोहब्बत और सिखा गई मुझे क़यादत,
नहीं लगता मुझे डर अब मरने से भी तभी कुछ।

मोहब्बत थी जो कभी हो गई, वो अब आदत,
आदत नहीं जाती, चाहे हो जाये सभी कुछ।

मोहब्बत पे कभी माँगी गई दुश्मनों की शहादत,
लाल हो गया रंग मोहब्बत का, शायद तभी कुछ।

करके तरक़्क़ी हो जाती है मोहब्बत इरादत,
चाहत के आगे सभी झुक जाते, तभी कुछ।

मोहब्बत नहीं, इरादत नहीं, अब करता हूँ इबादत,
हो गया मुझे दुश्मन-ए-जान, ख़ुदा सा अभी कुछ।

❖❖

रोया बहुत तड़पा बहुत

रोया बहुत, तड़पा बहुत, पर वो सादगी न कभी लौट पाई,
कहा करता था जब रोटी देख माँ के हाथ में, "आई हप्पा लाई।"

सुना था, दोहराएगी तारीख़ ख़ुद को, ये है ख़ुदा की लिखाई,
वक़्त की दहलीज़ पे मगर, उम्र-ए-बचपन कभी न लौट पाई।

अचानक देखा, देर तक खेल के वो मिट्टी में आई,
कुछ मुँह में, कुछ लिए हाथ में, मुझे खिलाने को चली लाई।

खिलखिलाती हँसीं उसकी, जो बीत गया, वो बुला लाई,
तोतली ज़ुबान में जब कहने आई, "बज्जी घुम्मी कराई।"

जो उलझ कर लड़ कर उम्र के तारों से गिर पड़ी थी दूर कहीं,
वही पतंग मेरी, फिर उड़ा के वो आसमान छूला आई।

ढलान पर थी जवानी और बिटिया मेरी बचपन बुला लाई,
कहने लगी हँस के जब दूध पीते, "पापा, मैं तो मूँछ उगा लाई।"

❖❖

देख के पौधा

देख के पौधा एक, लगा जैसे हो बानगी हू-बू-हू ज़िंदगी पर,
लटके थे कुछ ग़म, कुछ ख़ुशी के फूल शाख़-ए-ज़िंदगी पर।

महक लाते हैं ख़ुशी के फूल शाख़-ए-ज़िंदगी पर,
मगर ग़म भी जँचते हैं खूब शाख़-ए-ज़िंदगी पर।

चुभ के निकाल देते हैं जो खून खूब शाख़-ए-ज़िंदगी पर,
काँटें वही रखते फूल महफ़ूज़ शाख़-ए-ज़िंदगी पर।

बलय्याँ लेती हैं ज़िंदगी उनकी इस सादगी पर,
रोते नहीं, हँस देते जो अपने हालत-ए-ज़िंदगी पर।

बहुत ग़म हैं, कम हैं ख़ुशी के फूल शाख़-ए-ज़िंदगी पर,
खिलाना मगर मोहब्बत का फूल ज़रूर शाख़-ए-ज़िंदगी पर।

मोहब्बत में भारी हो जाता महबूब ज़िंदगी पर,
बिना फूल महबूब छा जाती ऊब खूब शाख़-ए-ज़िंदगी पर।

रास आती ज़िंदगी उन्हें टाँगे रहते जो मौत ज़िंदगी पर,
जलना दीपक सा, अगर खिलाना हो फूल शाख़-ए-ज़िंदगी पर।

सच है, मुरझायेंगे सभी फूल शाख़-ए-ज़िंदगी पर,
गिर के बनेंगे खाद, फूल फिर खिलेंगे शाख़-ए-ज़िंदगी पर।

❖❖

सुना था दम तोड़ देती

सुना था दम तोड़ देती हैं मुफ़लिसी में मोहब्बत,
चाँद नज़र आता है रोटी तो कभी पेट की तरह।

सफ़र में मोहब्बत के मगर तूने हमसफ़र चुना मुझे,
दुनिया बैठी रही लिए सोना नगरसेठ की तरह।

आती नहीं मगर रस्में मोहब्बत की मुझे,
गंवार हूँ मैं मोहब्बत में, कोरा ठेठ की तरह।

सिवाह गुलाब के बाज़ार में नहीं मिला कोई तोहफ़ा मुझे,
गुलाब को मगर गुलाब क्या देता, फिर मैं भेट की तरह।

बूँद-बूँद तरसा दिया कभी, बूँद-बूँद भिगा दिया मुझे,
थी मोहब्बत तेरी सावन तो कभी जेठ की तरह।

बीच रास्ते में फिर अकेला छोड़ दिया तूने मुझे,
खेलता रहा तू दिल से मेरे, आखेट की तरह।

रोज़ खाता हूँ क़सम, कल छोड़ दूँगा इसे,
याद आना भी तेरा आदत है सिगरेट की तरह

❖❖

रात थी काली

रात थी काली, नहीं दिख रहा एक भी सितारा,
ग़ायब हो गया चाँद, जो था आख़िरी सहारा।

भला ऐसे में किसी से क्या कुछ कह सुन पाता,
बस ढूँढता फिरता रहा उम्मीद का एक शरारा।

रहा घबराता बहुत, नहीं था कुछ समझ आता,
टकराया, लड़खड़ाया, तिलमिलाया, गिर पड़ा मैं बेचारा।

पुकारता रहा विधाता, पर विधाता भी कहाँ काम आता,
फिर मैंने ये स्वीकार किया, मैं ही हूँ ख़ुद का सबसे प्यारा।

इंसान अकेला आता-जाता, नहीं किसी से कोई नाता,
लड़ना है मुझे, संग्राम है मेरा, चाहे रहूँ मैं जीतूँ या हारा।

खींच लाऊँगा सूरज, कब तक रहेगा वो छुपता छुपाता,
खुलेगा उम्मीद का मुझसे ही तो सिर्फ़ पिटारा।

डरी सहमी काली रात फिर करती रही जागराता,
देख के आँखों में मेरी चमकता एक भोर का तारा।

❖❖

जाना तुम्हें जाना था

जाना तुम्हें था, तो तुम चले जाते,
कमअज़कम आख़िरी सलाम तो करते चले जाते।

बरसों बाद गली से तुम गुज़रे,
कमअज़कम दो पल दुआ सलाम तो करते चले जाते।

बोलता हूँ, लिखता हूँ मगर बात पूरी नहीं होती,
कमअज़कम आये तो थोड़ा कलाम तो करते चले जाते।

बरसों से इस सराय में कोई आया न गया,
कमअज़कम ज़ुल्फ़ों में मेरी क़याम तो करते चले जाते।

जिधर देखो मोहब्बत बिखरी पड़ी है,
समेट के उसे झूठा ही सही, नाम तो करते चले जाते।

राह तकते हैं ख़त जो तुमने कभी लिखे ही नहीं,
कमअज़कम एक पयाम तो करते चले जाते।

गए तुम जब से दरख़्तों के फल पके नहीं,
कमअज़कम अमिया को आम तो करते चले जाते।

तुम चले गए और सूरज डूबा ही नहीं,
कमअज़कम मेरी शाम तो करते चले जाते।

धूप बहुत है, राह तकती रहती है छाँव तुम्हारी,
कमअज़कम पल दो पल आराम तो करते चले जाते।

आग़ाज़ कर दिया था तुमने जिस कहानी का शान से,
कमअज़कम उस कहानी का अंजाम तो करते चले जाते।

❖❖

एक नज़र में चाहत की दिल

एक नज़र में चाहत की दिल का ख़सारा कर के,
खिल गये गुलाब सभी चाँद का नज़ारा कर के।

तबस्सुम चेहरे पे उनके बहुत जचता है,
और वो मुस्कुरा देते हैं काम तमाम हमारा कर के।

अजब लड़ाई है मोहब्बत, मिलते ज़ख़्म हज़ारा कर के,
जीतता है वही जो रहता है दिल हारा कर के।

कहने लगे तुम, न देखा करो नज़रों से यूँ पुकारा कर के,
मन्नत माँग ली जैसे हमें एक टूटा हुआ सितारा कर के।

बोले चश्म-ए-तर, खुश रहो तुम क़त्ल हमारा कर के,
हम नहीं रहे, अपने भी कभी ख़ुद को तुम्हारा कर के।

वो मौज थे नादिया की, किनारे हो गए किनारा कर के,
हम खड़े रहे दरिया-ए-मोहब्बत में, हर ज़ख़्म हमारा कर के।

उठा ली उसने नज़र जिनकी, नज़र हम थे उतारा कर के,
फिर चली गई एक नज़र, काम तमाम सारा कर के।

मोहब्बत में उनके हर ज़ुल्म को गवारा कर के,
मर के ज़िंदा हैं यादों से उनकी गुज़ारा कर के।

मिले भरे बाज़ार तो देखा नहीं नज़र को नज़ारा कर के,
कभी बुला लेते थे जिन्हें हम आँख से इशारा कर के।

❖❖

वो जो आ गया झूम के गुलाब

वो जो आ गया झूम के गुलाब सा मेरे कंधों पर,
आ गई मुस्कुराहट मेरे दर्द के पैबंदों पर।

हो गया मेहरबान इतना ख़ुदा हम बंदों पर,
ख़ुद-ब-ख़ुद बुनने लगे जीवन गीत छंदों पर।

खिलखिला गया जो गुलाब, लुट गया आसमाँ मकरंदों पर,
हवा में फैल गई महक, चमक उठे सितारे रंजनीगंधों पर।

नशा छा गया इतना उड़ने का परिंदों पर,
शर्त लगा बैठे गुलों से उड़ने की सुगंधों पर।

सजने लगी बीनाई दुनिया भर के अंधों पर,
कि देने लगा है दिखाई उनको मेरे कंधों पर।

छा गई इतनी आवारगी वक़्त के पावंदों पर,
कि देखता है सूरज भी ठहर के मेरे कंधों पर।

झुक गया आसमान चूमने गुलाब मेरे कंधों पर,
छू लिए फिर सितारे हज़ारों बैठा के चाँद अपने कंधों पर।

कहा चाँद ने सूरज से, तू रख रोशनी अपने बंदों पर,
हम जीते नहीं हैं ज़िंदगी अपनी चंदों पर।

रौशन हूँगा मैं अब ख़ुद अपने कंधों पर,
नहीं विश्वास मुझे प्रकृति के अनुबंधों पर।

❖❖

निकल पड़ते हैं कदम मेरे यूँ ही सोचते तुझे

निकल पड़ते हैं कदम मेरे यूँ ही सोचते तुझे,
मंज़र सफ़र के फिर मुझे याद नहीं रहते।

सफ़र में यादों के बहुत दूर निकल जाता हूँ मैं,
मंज़िल याद रहती है, पत्थर मील के याद नहीं रहते।

भटक के जाने कहाँ से कहाँ पहुँच जाता हूँ मैं,
तेरी यादों को ठिकाने मालूम हैं, रास्ते याद नहीं रहते।

चुभ रहे हैं बहुत मगर भूल जाऊँगा इन सभी को,
बाद मंज़िल के पत्थर, रास्ते के याद नहीं रहते।

भूल गया सभी कुछ उनको भूलने की चाह में,
बस एक वो ही भूलना जो याद नहीं रहते।

बीमारी नहीं तौफ़ीक़ है, नियामत है ख़ुदा की भूलना,
होते हैं नसीब वाले जिनको बीते लम्हें याद नहीं रहते।

बरसों गुज़र गए कुछ पलों के फ़ासलों में,
अक्सर बहुत याद आते हैं जो याद नहीं रहते।

❖❖

जिस आस को हम जीते जाते हैं

जिस आस को हम जीते जाते हैं,
जीतते हैं तब जब उस आस को जीत जाते हैं।

मज़ा है जीतने का फिर से वहीं,
जिन गलियों में कभी हार जाते हैं।

बाद जीतने के वो लम्हें याद आते हैं,
हम जब कभी जीतते-जीतते हार जाते हैं।

कौन किसी को हरा पाया आज तक,
जीतते हैं वही जो ख़ुद से जीत जाते हैं।

जीत के बाद जीत याद रह जाती है,
ख़ुशी में गिले-शिकवे सब भूल जाते हैं।

बाद जीतने के कुछ और तो नहीं कर पाते हैं,
बस निकाल के आँखों से ख़्वाबों को चूम आते हैं।

ज़िंदगी में वैसे तो सब बीत जाते हैं,
मगर कुछ लम्हें कभी बीत नहीं पाते हैं।

याद रह जाते हैं, हम भूल नहीं पाते हैं,
लम्हें जो दिल की धड़कनों को थाम जाते हैं।

हार के लम्हें बीतते-बीतते बीत जाते हैं,
जीत के लम्हें रुक के दिल में ठहर जाते हैं।

❖❖

आ बेटी सुनाऊँ मैं एक कहानी

आ बेटी, सुनाऊँ मैं एक कहानी,
जिसमें न राजा है न रानी,
ये है मेरे बचपन की कहानी,
सुनाता जो मैं मुंह ज़ुबानी।

तुमने देखे हैं देश कई,
मगर फिर भी दुनिया,
तुमको है नई-नई,
नहीं देखे तुमने गाँव कोई,
जो मैंने देखा वो दिखलाता हूँ,
कहानी में गाँव घुमाता हूँ।

मैं जब छोटा बच्चा था,
तेरी तरह भोला, भाला, सच्चा था,
तुम तो खूब पढ़ती लिखती हो,
दुनिया YouTube पर देखती हो।

लेकिन मैं पढ़ाई में थोड़ा कच्चा था,
मगर तेरी तरह मन का सच्चा था।

मैंने देखी एक सड़क कच्ची थी,
सड़क पे खड़ी होती घोड़ा बाग्गी थी,
देखा सड़क पे कच्चे घरों का गुच्छा था,
घरों की छत पे छप्पर तो कभी खपच्छा था,
घरों में रहने वाला कोई बड़ा तो कोई बच्चा था,
मगर दिल से हर कोई अच्छा और सच्चा था।

देखा घरों में,
बछड़ा था और गइया मैया थी,
देखा भाभी को भैया की,
दूध गइया का काढ़ी थी,
देखी मैंने एक बैल गाड़ी थी,
बैठी जिस पे दुल्हन पहने साड़ी थी।

देखा मैंने घरों में मिट्टी का घड़ा था,
कोई छोटा तो कोई बड़ा था,
देखी एक मिट्टी की सुराही थी,
जिसमें होता पानी ठंडा कड़ा था।

घरों में चबूतरा था,
जो गोबर से लिपा था,
वहाँ एक मिट्टी का चूल्हा था,
जलाने को चूल्हा एक फूंकना था,
फू फू,
जो ले आता धुआँ सा।

लो, आ गया एक यादों का धुआँ सा,
देखा मैंने गाँव में एक कुआँ सा,
कहते जिसको पनघट थे,
खड़े रहना वहाँ आदमियों का मना था।

जिस पे रखी बाल्टी और एक रस्सी थी,
रस्सी नहीं, वो कच्ची थी,
औरतें वहाँ घड़ों में पानी भरती थीं,
दस-दस घड़ों को सिर पे ले के,
घूँघट में घर को निकलती थीं,

देख जिसको खाता गच्चा था,
रहता मैं भौचक्का था।

न आपस में कोई खोट था,
न कोई किसी को पहुँचता चोट था,
देखा गाँव खेत-खलियानों से ओट था,
आलू, गेहूं, बाजरा और धान चारों ओर था,
देखा मैंने नाचता मोर था,
और मधुर शोर परिंदों का घनघोर था।

देखा घुमाते बच्चों को डंडे से पहिया था,
देखी खटिया थी और तकिया था,
नहीं कोई लखटकिया था,
एक डाकिया था, वो मजाकिया था,
पास उसके एक ख़ुशियों का झोला था,
खुश हो के आता मस्ती का टोला था।

देखा बच्चों को खेलते गिल्ली डंडा था,
लगता भाई, वो क्रिकेट का लंगड़ा था,
उसमें बॉल तो नहीं होती थी,
पर गिल्ली को कैच करना होता था।

देखा मैंने बच्चों को खेलते पिट्ठू था,
पिट्ठू गेंद से फोड़ना होता था,
फिर हर एक को गेंद से बचना होता था।

तुम तो चॉकलेट खाती हो,
फ़सा के मैं उनगकियों में फूले पोले,
फूला न समाता जब खाता पोले,

कंपट नीली पीली संतरे वाली खाता,
भागता जाता दोस्तों के साथ, नाचता गाता।

अकड़म बकड़म बम्मे वो,
अस्सी नब्बे पूरे सौ,
सौ में लगा धागा,
और चौर निकल के भागा माँ,
और
देखो बेटा मूँगफली,
मूँगफली में दाना नहीं,
और हम तुम्हारे नाना नहीं,
लेकिन गाँव तुमने अभी जाना नहीं।

देखा सब के पास रेडियो था,
ना जिसका कोई सानी था,
करता आकाश वाणी था,
जो कभी भूरा कभी काला,
जो ले आता नाटक, समाचार,
और कभी गीतों की माला।

एक नहर थी, एक बंबा था,
बंबे से लगा एक दगरा था,
दगरा जो कि सकरा था,
दगरे पे एक बिजली का खम्बा था,
खम्बा वो लंबा था,
बिजली मगर कभी-कभी आती थी,
पर सारी खुशियाँ लेकर आती थी,
देखा मैंने बल्ब भी था,
लेकिन वो अल्प भी था,

अंधेरे की साथी लाइनटेन थी,
जो साथ में हर टेम थी।

एक-दो घरों में टीवी होता,
टीवी पर लगा मेला होता,
जिस पे एक चैनल दूरदर्शन आता,
कुछ घंटे दुनिया का दर्शन दे जाता।

एक पीली पुती पाठशाला थी,
हाँ पाठशाला थी,
जिसको तुम स्कूल कहती हो,
जाने में पचास नख़रे करती हो,
वहाँ पे मैंने देखा हैंडपंप था,
जहां मचा रखा बच्चों ने हड़कंप था।

बच्चे जब पाठशाला जाते,
साथ अपने बोरा, टाट,
खड़िया और काली पट्टी ले जाते,
क्लास में शोर मचाते,
पता है कैसे शोर मचाते,
पोषम्पा भाई पोषम्पा,
तूने मेरी घड़ी चुराई,
अब तो जेल में जाना पड़ेगा,
जेल की रोटी खानी पड़ेगी,
जेल का पानी पीना पड़ेगा,
अब तो जेल में जाना पड़ेगा।

जेल तो नहीं जाना पड़ता,
मातसाब की ज़ोर की मार,
थी खानी पड़ती।

एक बहती नदिया थी,
वो सारे गाँव की मैया थी,
आस-पास नादिया के,
तरबूज़ा खजबूजे की थी क्यारी,
जो थी सबसे न्यारी।

और एक आमों की बगिया थी,
बगिया में डालिया थी,
मीठे-मीठे आम चूसते जाते,
डालिया में गुठली फेंकते जाते,
मन में अपने फूले न समाते।

एक पोखर थी, चोखर था,
सब कुछ था,
पर नहीं कुछ भी खोकर था।

वहाँ कोई भी सर या मैडम नहीं होता था,
ताई, मौसी या चाचा, ताऊ या भैया होता था,
आँखों का तारा मैं सबका होता था,
एक बात बताना भूल गया,
घरों में एक बड़ा सा पेड़ भी होता था,
नहीं उस जैसा कोई दूजा होता था,
लगाव होता उसपे झूला था,
देखा लोगों को करते पेड़ों की पूजा था।

जब मैं गाँव अपने जाता था,
माना नहीं कोई पैसा न ढेला होता था,
लेकिन लोगों की आँखों में,
प्यार का दरिया बहता था,
जिसमें मैं गुडगुड डुबकी लेता था।

सालों-साल से मैं बिगड़ गया,
कई सालों से वहाँ नहीं गया,
सुना है अब भी वहाँ मिट्टी के वो घड़े रहते हैं,
आदमी क़द में छोटे, दिल से बहुत बड़े रहते हैं,
घरों में पैसा थोड़ा कम होता है,
पर शहर सा कोई भूखा नहीं सोता है।

बहुत कुछ है कहने-सुनने दिखाने को,
तुम्हारा मन बहलाने को,
एक दिन तुमको ले मैं जाऊँगा,
सपने सा गाँव अपना दिखाऊँगा।
ये है मेरी बचपन की छोटी सी कहानी,
जिसमें न राजा है न रानी।

❖❖

कहा कली ने भौरे

कहा कली ने भौरे, क्यों तुमको मुझसे इतना अनुराग,
क्या लगाव तुमको मुझसे, जब तक देह में मेरी पराग?

बोला भौंरा, पराग में तुम्हारे है कुछ जादू सा खिंचाव,
मगर पराग नहीं मोहब्बत का, मेरी कोई राग।

पाकीज़ा बन जाती मोहब्बत जब होता विराग,
आऊँगा पास तेरे अब तब, जब नहीं होगा पराग।

फूल बन गई कली, मगर नहीं मिला भौरे का सुराग,
वक़्त बीता और नहीं बचा पराग का भी किंचित भाग।

अचानक सुनाई दी ऐसे भौरे की परचाप,
अंधेरे में गाया हो जैसे दीपक राग।

ऐसे लगा देख मोहब्बत जैसे जल उठे लाखों चराग,
बोला फूल, क्यों आए जब नहीं बचा कोई जीवन पराग?

नहीं बीता एक लम्हा जब नहीं था तेरा ख्याल,
यादें आती रही तेरी जैसे गाया किसी ने फ़ाग।

बोला भौंरा, वादा ख़ास होता मोहब्बत में हो जैसे सुहाग,
अब ले आया रस पराग, आए गंगा बनारस हो के जैसे प्रयाग।

❖❖

ख़ुदा ने चाँद की चाँदनी से उनको बनाया

ख़ुदा ने चाँद की चाँदनी से उनको बनाया,
फूलों के रंगों से सजाया महकाया।
देखा उनके गोरे गालों को और हमारा,
मृदु चुंबन करने का मन कर आया।

कहा हमने गोरी,
तेरे गालों पे जो तिल है,
वो मेरा दिल है।
बा को चूमन दे मेरी जान,
तेरा बंगला आलीशान।

गोरी ने हमें बड़ा सा आइना दिखाया,
बोली, शक्ल लंगूर सी तेरी,
और तेरा हमें चूमने का मन कर आया।
तेरे दिमाग़ में ये ख़्याल भी कैसे आया,
अगर सुन ली तेरी फिर ये कभी तान,
तोड़ दूँगी तेरी सारी आन-बान-शान।

प्रेम कहाँ मगर कभी हार मान पाया,
फिर होली का हमने बहाना बनाया।
चूम-चूम के गुलाल उसके गालों पे लगाया,
रंगों से प्रेम के गोरी को भीगाया।
दिल के हर अरमान को हमारे,
होली ने पूरा करवाया।

❖❖

रूस गई रूठ गई राधा प्यारी

रूस गई, रूठ गई राधा प्यारी, टूट गई होली पै,
अब के बरस बरसाने न आए मेरे कन्हाई होरी पै।
होली खेलन साँझ भी सवेरे सौं चली आई होरी पै,
खबर मनभावन की एक न लाई होरी पै।
कोई जब सुध बुध न सुझाई होरी पै,

गोकुल चली आई राधा रानी ढूँढन कन्हाई होली पै।
डोल रहीं गलियन में गोकुल की भरमाई होली पै,
खोजत हैं साबरों सलोनो दुखदाई वो कन्हाई होली पै।
प्रेम रंग पिचकारी में राधा खूब भर भर लाईं होली पै,
बूझत हर एक सौं देखो है कहीं मेरो कन्हाई होली पै।
गामन में राधा आवन की ज्यों सुध भई होरी पै,
उमड़ घुमड़ पड़े देखन लोग लुगाई होरी पै।

कोई कह भाभी, कोई कह भौजी, कोई भौजाई होरी पै,
राधा गोकुल को आ के अब पछताई होरी पै।
लगे कहन सब माधव सखा कैसे चली आईं होरी पै,
का भैया से होली मिलान को आई हो भौजाई होरी पै,
सुन सब मोहन प्यारी मंद मंद मुसकाईं होरी पै।
बोली, कहीं देखो है मेरो वो कन्हाई होरी पै,
ज़ुबान पै सखान के थी जो मन में चली आई होरी पै।

रंग खेलेंगे देवर भाभी संग कित्ती भी हो जग हँसाई होरी पै,
सुन राधा प्यारी कुछ सकुचाईं, थोड़ी घबराई होरी पै।
ब्रज मोहन के सखन को लाज न आई होरी पै,

गुलाल सौं कभी अबीर सौं भौजी खूब नभाई होरी पै,
मल मल दियों रंग हो गई लाल भोजाई होरी पै।

वो प्यारी वो न्यारी राधा खूब खिजाई गुस्साईं होरी पै,
तुम आइयो बरसाने, अब होगी लठ से ठुकाई होरी पै।
जमुना तीरे छुप-छुप सब देखत रहे वो कन्हाई होरी पै,
बूझ रहे गोरी तुम कौन, कहाँ सौ आईं रंग रंगाईं होली पै।
देखत ही श्याम को दुलारी, वो प्यारी तिलमिलाई होरी पै,
बाबरी न जानो हमें हरजाई, लीला ये तुमने ही रचाई होरी पै।
अहीर की छोरी की पकड़ नाज़ुक कलाई होरी पै,
कान्हा ने प्रेम जमुना में डुबकी लगवाई होरी पै,
बालन में गालन में डाल के गुलाल बोले कन्हाई होली पै,
घर जाओ लली, अब तोरी होली हुई गई, होरी पै।
अंगने में तेरे रंगने न आइंगे क़सम तेरी खाई कन्हाई होरी पै,
कान्हा अब आइयो बरसाने होगी लठ से ठुकाई होरी पै।

❖❖

आज आ ही नहीं रही यार तेरी तरह ये बाहों में भी

आज आ ही नहीं रही यार तेरी तरह ये बाहों में भी,
लगती थी क़मीज़ ये हम पे प्यारी बहुत पहले पहले।

भूल गए हम मगर देख के पुरानी तस्वीर याद आता है,
ख़ुद पसंद थे हम बहुत यार तेरी मोहब्बत से पहले पहले।

बाद में बच नहीं पाया मैं उस कातिल नज़र से यार की,
लगाती थी काला टीका माथे पे मेरे माँ मेरी पहले पहले।

किया था कर रही है और करती रहेगी क़त्ल लोगों का,
लगती है कितनी खूबसूरत वो मोहब्बत भी पहले पहले।

ज़माने बाद आज गया उस शहर की उस गली में जब,
बंद हो गई खिड़की भी जो खुली रहती थी पहले पहले।

आज बदल गई है हमारे हालत की सूरत इतनी,
पहचानी तक नहीं नज़र जो मरती थी हम पे पहले पहले।

यार मेरे ये वक़्त दवा ही नहीं ज़हर भी होता है,
मार दी मोहब्बत भी जो लगती थी जावेदानी पहले पहले।

❖❖

लुफ्त-ए-नज़र में यार की खोते चले गए

लुफ्त-ए-नज़र में यार की खोते चले गए,
ग़ज़ल के सामने शेर पे शेर कहते चले गए।

जलवा-ए-हुस्न-ए-यार में धानी होते चले गए,
गर्मी-ए-इश्क़ में यार के पानी पानी होते चले गए।

ख़यालात के समुंदर में उनके गोते चले गए,
ख़्वाब जो आया उनका हम सोते चले गए।

एक बार मिले हम तो फिर मिलते चले गए,
एक रोज़ वो कह कर फिर आयेंगे चले गये।

गए नहीं कभी मगर चले गये,
इंतज़ार में हम रोते चले गए।

मिले दिन ज़िंदगी के कम पर जीते चले गए,
नहीं बचा जीने को कुछ तो हम पीते चले गए।

सीढ़ियाँ मोहब्बत की हम यूँ चढ़ते चले गए,
आशिक़ पागल दीवाने से पैमाने होते चले गए।

❖❖

दुख भरी दुनिया में ख़ुशियाँ कहाँ से लाऊँ

दुख भरी दुनिया में ख़ुशियाँ कहाँ से लाऊँ,
सोचा यादों के बाग से आम ही तोड़ लाऊँ।

जो खट्टे हैं आम बार बार उन्हीं को खाऊँ,
गम तेरे चले जाने का मैं कैसे भूल जाऊँ।

सोचा तू नहीं तो तुमसा कोई ढूँढ लाऊँ,
मगर हो तो कोई तुझसा जो मैं ढूँढ लाऊँ।

हो गया अरसा रोते रोते जी चाहता मुस्कुराऊँ,
बाग में यादों के फिर तुझसे दो नैन लड़ाऊँ।

सावन चला गया अब सावन कहाँ से लाऊँ,
आसुओं को तेरे पलकों पे अपनी सजाऊँ।

तू क्या है मेरे लिए मैं तुझे कैसे समझाऊँ,
ज़िंदा तो हूँ मगर आने से तेरे मैं जी जाऊँ।

❖❖

हक़ीक़त नहीं है मोहब्बत

हक़ीक़त नहीं है मोहब्बत है सिर्फ़ एक ख़्वाब,
झूठ है सब कुछ झूठी है मोहब्बत की किताब।

इश्क़ को पैरों तले दवा इस कदर खिल उठता है हुस्न और शबाब,
बेरोज़गार को जैसे दिखे ख़्वाब में एक रोज़गार-ए-इन्तजाब।

रफ्ता रफ्ता उठने लगे ज्यूँ हुस्न की फ़रमाइशों के हिजाब,
दम तोड़ने लगा इश्क़ और माँगने लगा दवा तो कभी शराब।

ख़ाली है जेब और ख़ाली जज्बात पर हम नहीं रखते हिसाब,
छोड़ गया तू लगता है कुछ तो कभी किए थे हमने सवाब।

बाद जाने के तेरे एहसास हुआ हमको होना था तेरा अज़ाब,
याद ने तेरी दिल के सेहरा में इस कदर खिलाए समन और गुलाब।

❖❖

एक बात कहूँ तुमसे ग़र बुरा न मानो तुम

एक बात कहूँ तुमसे, ग़र बुरा न मानो तुम,
अजनबी अनजाना पराया न जानो तुम,
मुझे इक बार तो जानो, पहचानों तुम।

तेरी एक नज़र पाने को,
तेरी नज़र में आने को,
आँखों में तुम्हें समाने को,
मारा मारा फिरता।

तुम्हारे पास आने को,
सजता संवारता,
एक झलक पाने को,
हर दम मचलता।

कृष्ण काले हैं राधा गोरी,
यहाँ तुम काली हो, मैं गोरा,
तुम्हारे काले पन से ही
चमकता, उभरता, निखरता।

खेलता रहता हूँ लुकाछुपाई,
चाहता तुम मुझे ढूँढो,
तुम्हारी आँखों में,
चाहता ख़ुद को देखना,
चाहता तुम भी मुझे चाहो,
चाहता तुम्हारी आँखों में
ख़ुद के लिए प्यास देखना।

रूप बदल बदल के आता,
कभी छोटा कभी मोटा,
वियोग में कभी तुम्हारे
आधा रह जाता।
मिलते ही तुमसे मैं पूरा हो जाता,
पूरा हो जाता तो जी जाता,
बस तुम्हें लुभाने को,
बस तुम्हें मनाने को,
बस साथ तुम्हारे सज जाने को।

फूलों सी नाज़ुक जो लगी,
मगर दिल पे काँटों सी पड़ीं,
जब नहीं कर पाया सहन,
वो भावनाएँ बढ़ी।
आज तब हिम्मत कर के कड़ी,
चाँद ने भेजीं प्रेम पातियाँ,
रात को बढ़ीं।

❖❖

गया था मैं श्मशान घाट

गया था मैं श्मशान घाट,
इन्ही कंधों पर अकेले।
मौत हो गई थी उसकी,
इन्ही हाथों से मुखाग्नि दी थी।
बहुत रोया, बहुत तड़पा,
आंसू थे कि रुकते ही नहीं थे।

जो कभी रुकता नहीं था,
कभी थमता ही नहीं था,
खिलखिलाता था, चहचहाता था,
वो चुप हो गया था।
जो पास था मेरे, वो बहुत दूर हो गया था,
राख में तब्दील हो गया था।

सोचता हूँ, ख़त्म हो गया जो,
वो ख़त्म क्यों नहीं होता?
जो चला गया, वो चला क्यों नहीं जाता?
रिश्ता जो मर गया, वो मर क्यों नहीं जाता?
रिश्ता होता है रूह से मोहब्बत का,
कहाँ ख़त्म होती है मोहब्बत?
मर कर, जल कर, कट कर,
किसी के कहने से आज से रिश्ता ख़त्म,
कहाँ ख़त्म होता है रिश्ता?
रिश्ता नहीं मरता,
दूर हो या पास,
वो तो ज़िंदा रहता है बस के रूह में।

नई नई घास उगने को आई है

नई-नई घास उगने को आई है,
डालियों पे नई पत्तियाँ नज़र आई हैं।
हवा तुम्हारी ख़ुशबू ले कर चली आई है,
ज़रूर तुमको मेरी आज याद आई है।

सरसों खलियानों में फूल आई है,
गुलों में खिलने की आस जग आई है।
घटा प्रेम की चारों ओर छाई है,
ज़रूर तुमको मेरी आज याद आई है।

याद तुम्हारी जो हर पल सताती है मुझे,
आज ज़रूर तुम्हारा दरवाज़ा खटखटा आई है।
अंधेरे में दिल के दिये सरसों के जला आई है,
चोटों पर हृदय के औषधि सी लग आई है।
ज़रूर तुमको मेरी आज याद आई है।

उड़ने लगे पत्ते जो बिखरे थे कभी,
चंगुल से पतझड़ के प्रेम आस छूट आई है।
मचल उठे हैं फिर अरमान आसमानों में,
बदरी प्रेम बरसाने चली आई है।
ज़रूर तुमको मेरी आज याद आई है।

बात वही जो कह न सका कभी तुमसे,
कानों में तुम्हारे धीरे से कह आई है।
जो रूठ गया था कभी,
याद तुम्हारी उसी वसंत को संग ले आई है।
ज़रूर तुमको मेरी आज याद आई है।

हिचकी जो तुम्हें आई है,
चाहतों से फसलों में दूरियाँ मिटा आई हैं।
वहाँ तू मुस्कुराया है, यहाँ गुल खिल आई हैं।
ज़रूर तुमको मेरी आज याद आई है।

❖❖

आने पे मेरे बचा न पाओगे

आने पे मेरे बचा न पाओगे अपनी पहचान को,
धमकाया रात ने उस चमकते हुए सूरज नादान को।

डर गया बाज़ार, खबर हो गई कान-ओ-कान को,
मिला न फिर कोई ख़रीदार कातिल मुस्कान को।

छुपा के आँचल में सूरज किया हासिल रात ने सम्मान को,
तोड़ने चला आया फिर चाँद रात के उस अभिमान को।

रास्ता थी रात, गुज़र गई वो भी ढूँढते आसमाँ वीरान को,
चमका फिर सूरज, कौन रोक सका आसमाँ के सुल्तान को।

पढ़ते हैं सभी उरूज-ओ-जवाल की दास्तान को,
मगर कौन मिटा सका किसी के नाम-ओ-निशान को।

ख़ाली कर जाना होता है दुनिया में जिस्म-ए-मकान को,
बात इतनी सी कोई समझाओ समझदार इंसान को।

ज़िंदा रहने दो मोहब्बत हमारे तुम्हारे दरमियान को,
वग़ैर गुल के पूछता है कौन किसी ख़ाली गुलदान को।

❖❖

कभी लू तो कभी बर्फ तो कभी

कभी लू, तो कभी बर्फ, तो कभी सर्द हवा ने धमकाया था।
लड़ के सभी से, एक पौधे पे फूल उम्मीद का खिलाया था।

जीत गया था दुनिया से, मगर क़िस्मत से नहीं जीत पाया था।
कोई नहीं था साथ मेरे, मैंने ख़ुद ही ख़ुद को समझाया था।

जिन गलियों में मुझे जीतना था, वहाँ जब हार के आया था।
अभी तक निकल नहीं पाया, आंसू जो आँख में आया था।

लड़ा अंत तक, और जब हार न मान पाया था।
हारने जीतने में मैंने तब कोई फ़र्क़ नहीं पाया था।

मगर जिस बाद-ए-सबा को बन के फूल महकाया था।
उसी ने मुरझाने पे मुझे जब पत्ती पत्ती बिखराया था।

हो के मायूस, उम्मीद को तो विदा कह आया था।
मगर एक मलाल था, जो साथ मेरे चला आया था।

❖❖

होती नहीं कोई मंज़िल

होती नहीं कोई मंज़िल, यादों की रहगुज़र की,
चलता रहता हूँ और पत्थर मील के ख़त्म नहीं होते।

बदल जाता है मोहब्बत में सब,
रात-रात नहीं होती, दिन-दिन नहीं होते।

है ज़रूरी चाहत ख़ुद से किसी मोहब्बत से पहले,
समझते ये ग़र पहले तो यूँ आज मर नहीं रहे होते।

क़त्ल-गाह लगती है मोहब्बत मुझे,
करते हैं क़त्ल बस, हाथ में माशूक़ के ख़ंजर नहीं होते।

चला गया पर याद अब भी आता है उसका कहना,
तुम्हारे बिना रात नहीं होती, दिन हमारे नहीं होते।

उमड़ता है ज्वार भाटा याद करके चाँद को,
कहता कौन है कि आँखों में समुंदर नहीं होते।

गिरा के वकार अपना सारा, आँसू जो बहाए,
होता ग़र समझा, होते मोती वो पानी नहीं होते।

ढुलक ढुलक कर आँखों से गालों तक कहने आए थे,
"रहा नहीं जायेगा अब बिना तुम्हारे,
काश दुनिया में तुम हमें सबसे प्यारे नहीं होते।"

रोकता रहा कह-कह के बस यही हर कतरा,
सुनते वो भी ज़रूर ग़र कर रहे अनसुना नहीं होते।

न उन्हें रुकना था न वो रुके,
होती तकलीफ़ कम ग़र मुड़ के वो मुस्कुराए नहीं होते।

सोच के तकलीफ़ बड़ी होती है आज भी,
जाते वक़्त उसके, आँख में काश हमारे आँसू नहीं होते।

चहचहाता रहता हूँ मैं आजकल बहुत,
रिवायत है दुनिया की दिखाते हैं वही जो वो नहीं होते।

रास्ता देखती रहती हैं आज भी आँखें मेरी,
ख़त्म होने से राब्ते, रास्ते क्यों ख़त्म नहीं होते।

आदत नहीं गई उसकी सताने की मुझे,
चले गए वो तो फिर चले ही गए होते।

होती नहीं कोई मंज़िल, यादों की रहगुज़र की,
चलता रहता हूँ और पत्थर मील के ख़त्म नहीं होते।

रास्ता देखती रहती हैं आज भी आँखें मेरी,
ख़त्म होने से राब्ते रास्ते क्यों ख़त्म नहीं होते।

कहती रहती हैं साँसें धड़कनों से मेरी,
तुम चले गए मगर एक बार कह के गए होते।

सुना था टूट के धागा प्रेम का नहीं जुड़ता फिर कभी,
बिछड़ जाने से रिश्ते मोहब्बत के फिर ख़त्म क्यों नहीं होते।

दर्द देते हैं, दुख देते हैं, पीड़ा देते हैं, आँसू देते हैं,
छोड़ के मोहब्बत में जाने वाले फिर क्यों ज़ालिम नहीं होते।

मोहब्बत की ये भी ख़राबी है बहुत बड़ी,
कहते रहते हैं बेवफ़ा उसे मगर समझ नहीं रहे होते।

❖❖

हमारे आँसू

जिन पे दिल ओ जान हम लुटाये रखते हैं,
वही तो दिल-ए-मासूम को सताये रखते हैं।

कुछ अरमान हक़ीक़त नहीं हसरत बन के रह गए,
ख़्वाबों के गुलाब फिर भी आँखों में खिलाए रखते हैं।

बगीचा ख़्वाबों के गुलाबों का ज़ंग-आलूदा हो गया,
बना के मगर टूटे फूलों से माला जग महकाए रखते हैं।

सीखा बचपन में उकेरना ख़्वाबों को काग़ज़ पे,
तो अंधेरों में मन के काग़ज़ पे सूरज उगाए रखते हैं।

खुश्क हो जाती है जब दिल की ज़मीन बहुत,
बना के आँखों को नादिया हम बहाए रखते हैं।

आँसुओं को कभी हमारे कमजोरी मत समझना,
जिगर पत्थर का और दिल मोम का सजाए रखते हैं।

जो लोग चेहरे पर तबस्सुम जगाए रखते हैं,
वो आधियों में भी दीपक जलाए रखते हैं।

पाठ जो मोहब्बत ने वफ़ा के पढ़ाए हमको,
कुछ इस तरह हम रोज़ दोहराए रखते हैं।

रौशन किया अंधेरी रात को जिसने,
वो दिया हम दिन में भी जलाए रखते हैं।

❖❖

बिछौना बिछाया शाम ने

बिछौना बिछाया शाम ने,
सजाया तारों की छाँव में,
सुनता रहा कहानियाँ पाँव रख कर पाँव में,
सिखाया रात ने,
मत आ जाना किसी अजनबी की बात में।

मूँद के आँखें,
सपने सजाये दिखाए चाँदनी ने चाँद में,
थपकी देके लोरी सुनाई माँ रात ने,
सोता रहा लाल रात का,
छुप के रात की गोद में।

ऊषा आई लालिमा छाई,
खुल गई आँख रात के लाल की,
सूरज आया अपहरण कर ले गया रात को,
रौशन कर दूँगा तेरी ज़िंदगी के हालात को,
कह कर ये फुसलाया रात के लाल को।

भूला लाल सिखाई जो बात माँ ने,
अब जब जलता है तड़प के लाल रात का,
सूरज की भयंकर आग में,
सोचता है,
काश मान जाता माँ की बात को।

नहीं आता किसी अजनबी की बात में,
जलता है, तड़पता है मगर,
ढूँढ़ता फिरता है माँ रात को,
बदलना चाहता है अपने हालात को,
छुड़ाना चाहता है सूरज के चंगुल से माँ रात को।

मुसलसल जारी रखता है अपने सतत प्रयास को,
सोचता रहता है,
अब नहीं भूलेगा माँ की सिखाई बात को,
ले आएगा ढूँढ़ के अब माँ रात को,
बदल देगा अपने हालात को,
तोड़ देगा सूरज के प्रताप को,
ठंडा करके सूरज की आग को।

सुनेगा कहानियाँ फिर तारों की छाँव में,
पाँव रख के पाँव में,
देखेगा सपने चाँदनी से चाँद में,
सुनेगा वही लोरी,
सोएगा जब फिर से माँ रात की गोद में।
सोचता है दिन हर गुज़रते पल के आयाम में।

❖❖

गोपियों की कृष्ण शिकायत

जशोमति तू, चौ नाय समुझाती,
तेरो पूत घनौ उतपाती।
बाकों लाज नैक नहीं आती,
तेरो पूत घनौ उतपाती।
कर दियो मेरौ जीनो बेहाल,
वृंदावन कुंज गलिन में।

जाय रही जब बेचन माखन छाछ,
वृंदावन कुंज गलिन में।
मत पूछो का हो गयो मोरो हाल,
वृंदावन कुंज गलिन में।

रस्ता बाने मोरी रोकी,
ग्वाल सखा बाक़े सब हमजोली।
बाने सब ग्वालन के साथ,
घेर लई मोय गैल में आज,
वृंदावन कुंज गलिन में।

ऐसे खेली मोसे होरी,
मोरे सर पे मटकी फ़ोरी।
मोपे उलट दियो पूरो माखन छाछ,
वृंदावन कुंज गलिन में।

भर भर मोय दौड़ाई,
फिर झपट परो मोपे कन्हाई।
पिचकारी भरि भरि मारी,
तेरो पूत घनों उतपाती।
मारी फिर ठंडे पानी की धार,
वृंदावन कुंज गलिन में।

रपट परी मैं तो नीचे आज,
वृंदावन कुंज गलिन में।

करी मोसे बाने बरज़ोरी,
नाद में फिर धर-धर बोरी।
अरे फिर रंग दियो मोको लाल,
वृंदावन कुंज गलिन में।

जशोमति तू चौ नाय समुझाती,
तेरो पूत घनौ उतपाती।
बाकों लाज नैक नहीं आती,
तेरो पूत घनौ उतपाती।
मोपे डाल दियो रंग नीरौ लाल,
वृंदावन कुंज गलिन में।

अब रंगूँगी बाकों पीरौ लाल,
वृंदावन कुंज गलिन में।
न छोड़ूँगी बाहे आज,
वृंदावन कुंज गलिन में।
कहाँ छुपौ है तेरो लाल,
वृंदावन कुंज गलिन में।
बाहे सूतूँगी मैं तो आज,
वृंदावन कुंज गलिन में।
न बचेगो तेरो छोरो लाल,
वृंदावन कुंज गलिन में।
आयेगौ बाको काल,
वृंदावन कुंज गलिन में।
फोड़ूँगी बाकों मोढ़ों आज,
वृंदावन कुंज गलिन में।
भूल जाएगो होरी आज,
वृंदावन कुंज गलिन में।

❖❖

हिमालय से गंगा

ज़म गई है इतनी, अब पिघलती ही नहीं।
इस हिमालय से गंगा निकलती ही नहीं।

जब वो पास हो कर भी पास मेरे होती नहीं।
सवेरा होता है, पर मेरी सुबह होती ही नहीं।

सोती रहती है वो और उठती ही नहीं।
जग जाता हूँ मैं, मगर वो जगती ही नहीं।

बंद पड़ी है सात संदूकों में इस कदर।
रहता हूँ खोलता, मगर खुलती ही नहीं।

रहा हूँ पटकता दर दर पे इसे इतना।
दरारें माथे की मेरे अब भरती ही नहीं।

घूमता रहता हूँ मैं बस्ती बस्ती इतना।
क़िस्मत मगर मेरी मुझे दिखती ही नहीं।

मान लिया जब से अपनी क़िस्मत उसे।
फिसल जाती है वो कभी हाथ लगती ही नहीं।

❖❖

इंतज़ार

लौटने के राम का इंतज़ार अब भी रहता है निषाद को
कौन मिटाएगा राम आगमन के सिवाह उसके विषाद को।

इंतज़ार में लिखे हैं सभी शेर तेरे दीदार को
शेर सभी अब मेरे तरसते हैं तेरी एक अदद दाद को।

तुम्हारे लिए छोड़ आया ज़िंदगी-ए-शाद को
मगर तुमने भी नहीं समझा दिल-ए-बर्बाद को।

तुम आए और देखा तक नहीं इस नाशाद को
फसल मोहब्बत की तरसती रही खाद को।

चिपटा के रूह से फिरता रहता हूँ तेरी याद को
शायद बाद मेरे मरने के सुने ख़ुदा मेरी फ़रियाद को।

मोहब्बत सुकून नहीं कौन समझाए तुझ आज़ाद को
करके क़ैद ज़िंदगी को साँसों में भर देती है अवसाद को।

इंतज़ार तेरा बढ़ाता है मेरी ज़िंदगी की मियाद को
डरता हूँ अब दीदार छुड़ा देगा तेरा मेरी दुनिया आबाद को।

❖❖

पहले कभी बूझ न पाया

बूझी बहुत पर एक पहले कभी बूझ न पाया
इंसान ने ख़ुदा बनाया या ख़ुदा ने इंसान बनाया
बूझा बहुत मगर कभी बूझ न पाया
कहते हैं लोग ख़ुदा हर जगह है
फिर उसे ढूँढने में ठोकरें क्यों खाया?
बूझा बहुत मगर कभी बूझ न पाया

दुनिया में क़ैद हो कर कौन खुश रह पाया?
क्यों ख़ुदा को इंसान ने मंदिर मस्जिद में क़ैद कराया
बूझ तो नहीं पाया मगर ये थोड़ा समझ आया
कहते सभी ख़ुदा ने इंसान बनाया
लगता है इंसान में सारा वक़्त
ख़ुदा को ढूँढने में गवाया

जब नहीं ढूँढ पाया तो इंसान ने पैसा बनाया
फिर पैसे को इंसान ने ख़ुदा बनाया
बूझा बहुत मगर बूझ न पाया
इंसान ने पैसा बनाया या पैसे ने इंसान बनाया
बूझ तो नहीं पाया मगर ये थोड़ा समझ आया

दुनिया ने अजब रीत रिवाज़ बनाया
पास जिसके पैसा इंसान वही कहलाया
पैसे ने हर ऐब को हुनर बनाया
बग़ैर पैसे गुंडा लुच्चा कमीना बेईमान कहलाया
बूझा बहुत मगर बूझ न पाया
मुख़्तसर सी थी बात मगर मैं समझ नहीं पाया

❖❖

दुनिया है अजब सा मेला

दुनिया है अजब सा मेला
मेले में है हर कोई अकेला,
दुनिया के मेले में बस पैसे का खेला,
नहीं मिलता बिन पैसे मेले में कोई ठेला,
नहीं जलता चूला, नहीं मिलता सेला,
नहीं होता जब जेब में कोई ढेला,
बन जाती हर घड़ी संकट की बेला,
और नहीं मिलती कोई चंपा, न चमेली, न बेला,
किसी का किसी से नहीं कोई मेलमेला,
फिर भी दुनिया में लगा है रेलमपेला।

नहीं कोई गुरु पर हर एक है गुरु का चेला,
बिना मतलब के कोई किसी से नहीं बोला,
हर कोई है अपने में अलबेला,
बिना पंख के उड़ता हर कोई अकेला,
नहीं कोई ऐसा झमेला जो नहीं झेला,
फिर भी दुनिया का हर दिन है नया नेवला,
दुनिया का ग़ज़ब है रंगरेला,
नहीं कोई ऐसा जिसे दुनिया में दुनिया ने नहीं पेला।

❖❖

खेल आदमी का

आदमी ने आदमी को खेल खिलाया
खेल-खेल में पैसा बनाया,
पैसा बनाया, चलाया, घुमाया,
आदमी को लगा पैसा घुमाया,
पैसा घुमा के पैसा और बनाया,
मगर पैसे ने आदमी घुमाया,

पैसे ने पीछे ख़ुद के आदमी दौड़ाया,
भगाया, दौड़ाया, बहकाया, थकाया,
थका के पैसे ने आदमी हराया,
आदमी नहीं है, आदमी एहसास कराया,

पैसे ने आदमी को फिर से आदमी बनाया,
बना के आदमी ख़ुद को ख़ुदा बनाया,
आदमी ने पैसा बनाया,
पैसे ने ख़ुद को ख़ुदा बनाया,
पैसे ने आदमी ग़ुलाम बनाया,
आदमी पैसे को न समझ पाया,
ख़ुदा को कहाँ कोई समझ पाया?
समझ जब नहीं पाया तो शांति ढूँढ़ने आया,
पैसे से मिलेगी शांति इस भ्रांति को अपनाया,
इस भाँति को जनक्रांति बनाया,
उसी भ्रांति की क्रांति में जीवन बिताया,
आदमी के खेल में आदमी को पैसे ने हराया,
जैसा चाहा वैसा खेल खिलवाया।

❖❖

अब तो बोल भी दो जो छुपा है मूक में

अब तो बोल भी दो जो छुपा है मूक में
कहीं ज़िंदगी न बीत जाए इस चूक में।

बोलो ऐसा जैसे बोली कोयल की कूक में,
बुरा लगता है जो सुनाई देता है हूक में।

कदम रख डगर पे रिश्ते की फूंक-फूंक में,
ख़त्म हो जाते हैं रिश्ते सभी सिर्फ़ दो टूक में।

खा ली उसने रोटी वो जो सनी थी थूक में,
भरे पेट वाले क्या जाने क्या होता है भूख में।

तू अभी तक बैठा है छिपा के जो है संदूक में,
अब तो ले आया गब्बर भी भर के मोहब्बत की बंदूक में।

❖❖

रंग वो भी लगा गए जिनसे शनासाई थी

रंग वो भी लगा गए जिनसे शनासाई थी
मगर मोहब्बत दूर खड़ी शरमाई थी।

हौले हौले कदम बढ़ाके पास मेरे आई थी
लगा के रंग गालों पे मेरे वो खिलखिलाई थी।

हाथ पकड़ रंग वही लगाया जो हमको लगाने आई थी
नहीं फिर मौक़ा छोड़ा, लगा रंग हमने गले से लगाई थी।

टूट गई मेरे ख़्यालों की बंदिश
नाम के उसके किसी ने आवाज़ लगाई थी।

खेलने मेरे साथ जो होली आई थी
वो नहीं, उसकी यादों की परछाईं थी।

❖❖

देवर ने कहा भाभी मायके मत जाओ तुम

देवर ने कहा, भाभी, मायके मत जाओ तुम।
मायके होली पे, तोहे कौन ले जाएगौ।
होली के हुड़दंग में, बाबरौ है गाम तोरा।
ऐसे में गुब्बारों लाल, नीरौ हरौ, पीरौ कोई मार जाएगौ।
लायौ हूँ ख़रीद नई बुशर्ट अभी।
बुशर्ट पे गुपचे से हाथ हल्दी के कोई छाप जाएगो।
ऐसे मायके तोहे कौन ले जायेगौ।

भाभी बोली, भूल गए छोटे हो लाला जी तुम प्यारे।
करनी बात छोटन सी तुमकौ मैं सिखाऊँगी।
जीवन में तोरे नाय बचौ है कोई रंग अब।
रंगन से पहचान तोरी मैं करवाऊँगी।
रंग ओ गुलाल मलूँगी इतनौ कि।
लंगूर सौ तुमको मैं सजाऊँगी।
लाला जी क़सम है तोरी मोय अब।
बंदरियाँ सी ढूँढ देवरानी मैं लाऊँगी।

बालन में गालन में इतनौ महावर लगाऊँगी।
लाला जी तोय पूरौ लाल मैं बनाऊँगी।
रंग खेलूँगी देवर, तोरे ही संग अब।
होली पे मायके कबहुँ नहीं मैं जाऊँगी।
होली पे मायके कबहुँ नहीं मैं जाऊँगी।

❖❖

आँख-ख़्वाब

आँख खुल गई मगर ख़्वाब नहीं भूल पाई है,
ढूँढते-ढूँढते ख़्वाब आँख बहुत दूर चली आई है।

आँख को अब इतनी सी बात समझ आई है,
ख़्वाब से भी सुन्दर ख़ुदा ने दुनिया बनाई है।

खुश हुई बहुत मगर फिर आँख मुरझाई है,
सोचा आँख ने ये तो ख़्वाब से बेवफ़ाई है।

दुनिया ख़्वाब से सुंदर कैसे ये सोच आई है,
ये तो ख़्वाब की मोहब्बत को चोट पहुँचाई है।

हरकत पे अपनी आँख शर्मसार हो आई है,
फिर याद कर ख़्वाब को आँख भर आई है।

नज़र में हर नज़ारे को आँख देख आई है,
आँख मगर ख़्वाब सा प्रेम कहाँ पा पाई है।

ढूँढते-ढूँढते ख़्वाब आँख डबडबा आई है,
मूँद के ख़ुद को ही आँख ख़्वाब से मिल पाई है।

आँख ख़्वाब ख़ुद के अंदर ही तो पाई है,
प्रेम ख़ुद में ही हैं आँख को समझ आई है।

❖❖

राधा और बाँसुरिया

कहन लगीं राधा, अब की सुन कन्हाई होरी पै।
पहिलौ है मेरौ अधिकार तोपै कन्हाई होरी पै।
मोरे जोरे अइयो तुम, कोरे नभे नभाये, होरी पै।
आए जो तुम अबकी रंग रंगाये होरी पै।
क़सम तेरी तोड़ूँगी तुम्हरी बाँसुरिया कन्हाई होरी पै।

बरसाने चले आये नभे नभाये।
राधा संग रंग खेलन कन्हाई होरी पै।
ललिता ने देखो जो अकेलों उदमाई होरी पै।
कहन लगी नैन सतराय।
तेने बहुत मैं सताई होरीं पै।
फोरी हती मोरी माँखन मटकी पिछाई होरी पै।
आज मिलौ है अकेलौ तू अतकाई होरी पै।
बताऊँगी तोय कैसे खेलत हैं होरी।
संग लुगाई होरी पै।

पकड़ बाँह कन्हाई, भीतर गोरी खचेर लाई होरी पै।
भींच दियो भीत भीतर कन्हाई होरी पै।
नाय मिली झोरी रंग की जो भीतर छिपाई होरी पै।
मल मल दियौ काजल होठन दातन कन्हाई होरी पै।
गालन की लाली मल मल दी।
कपोलन होरी पै।
उड़ेलो महावर बालन कन्हाई होरी पै।
है गयो कारौ लाल लंगूर सौ कन्हाई होरी पै।
फिर आँख मटकाये मुसकाये बोली।
याद रखेगौ लला।
कैसी होरी बरसाने की गोरी ने खिलाई होर पै।

देखो रंगो रंगाओ जो कन्हाई होली पै।
राधा खूब झुंझलाई होरी पै।
पूछन लगी कहाँ ते आए रंग रंगाये होली पै।
कहन लगे कान्हा तोरी ललिता ने रंगो तेरो कन्हाई होरी पै।
आखिन कौ काजल ओ।
ओठन की लाली लगाई होरी पै।
सखी को तिहारी तनिक लाज न आई होरी पै।
जैसे तैसे भाज आयौ जौरे तोरे कन्हाई होरी पै।

सुन कान्हा राधा, खूब तिलमिलाई गुस्साई होरी पै।
चुटिया पकड़ राधा ललिता कौ खचेर लाई होरी पै।
उठाय ललिता राधा ने नांद पे भर-भर डुबाई होरी पै।
पूछन लगी, तोय नाय सल मेरौ है कन्हाई होरी पै?।
फोड़ूँगी तेरौ माँथो छुओ जो मेरौ कन्हाई होरी पै।

झपट के कमर ते फिर बाँसुरिया।
बोली राधा सुन कन्हाई हरजाई होरी पै।
तिहारी मैया ने इतनौ खिलायौ माखन मलाई होरी पै।
और एक ललिता नाँय तोते संभल पाई होरी पै।
बाबरी समझौ है तेनें मोय कन्हाई होरी पै?।
ये लीला तूने ही रचाई होरी पै।
कान्हा तेनें की बड़ी मोरी रुसवाई होरी पै।
अब नाय बचेगी तेरी बाँसुरिया।
कन्हाई हरजाई दुखदाई होरी पै।

❖❖

जहां पड़ी हैं जैसे पड़ी हैं

जहां पड़ी है जैसे पड़ी है।
कोई चीज कहीं से नहीं उठाई है।
माँ सुबह से चिल्लाई है।
बिखरा पड़ा है चौका बर्तन।
किसी ने कोई मदद नहीं कराई है।

भाभी ने फिर भैया को बहुत सुनाई है।
भागी भागी बहन हमारी आई है।
दर्ज़ी ने सारी पे फाल ढंग से नहीं लगाई है।

दाढ़ी पापा ने आज ख़ुद नहीं।
बाहर से बनवाई है।
आज हमने भी नई बुसर्ट सिलवाई है।
और माँ की भी नई साड़ी आई है।
माँ भाभी को नया पटियाला सूट लाई है।

ताई ने ढोलक फिर बजाई है।
पड़ोस वाली मौसी को मसखरी सूझ आई है।
वो आज ताऊ बन ताई से मिलने आई है।
आज सुसराल से जीजा की।
साली भी मिलने चली आई है।

ढोलक भी ढोल ताशे से मिलने आई है।
चाची ने आज चाचा को।
घर पे नहीं बाहर नाच नचाई है।

सुन के भँवरों फूलों को बात।
नदी भी किनारों को।
प्रेम गीत सुना आई है।

अब खड़खड़ाहट हुई पत्तों में।
हवा प्रेम गीतों की मिठास ख़ुशबू में ले आई है।
मोहब्बत चारों तरफ़ छाई है।
बंट रही घर-घर आज मिठाई है।
सुना है शुरू हुई आज से फसलों की कटाई है।

❖❖

तुम्हारी याद

तुम्हारी याद नहीं आती मुझे।
कोई मिल गया है अब मुझे।
वक़्त जिसके साथ बिताता हूँ।
वो कभी यहाँ की कभी वहाँ की।
खूब बातें करता है।
चहचहाता है खिलखिलाता है।
कभी-कभी संजीदा हो जाता है।
बदलती दुनिया को देख कर।
लोगों को बदलते देख कर।
विश्वासों को बदलते देख कर।
भगवानों को बदलते देख कर।
उदास हो जाता है।
जानता है बदलना बुरा नहीं है।
बदलना बुनियाद है सृष्टि की।
सब जानते समझते हुए।
फिर भी उदास हो जाता है।
लेकिन ज़्यादा देर नहीं रह पाता।
ऊब जाता है बहुत जल्दी उदासी से।
फिर खिलखिलाता है गुनगुनाता है।
चारों ओर लोगों का मेला होता है।
मेले में लेकिन साथ अकेला होता है।
वो आ जाता है यकायक।
जब कोई और नहीं होता।
खूब बातें करने, सुनने।
क़िस्से कहानियाँ सुनाता है।
रूठ जाऊँ तो मनाता है।
मुझे कविताएँ सुनाता है।
मेरे साथ मुस्कुराता है।
सोचता हूँ,।
मेरे अंदर तुमसा ये कौन रहता है।

❖❖

कन्हाई राधा प्रेम

रूठ के छोड़ कन्हाई को जौ चली आईं राधा।
भूख छूटी, प्यास छुटी पर नाय छूट पाईं राधा।

हैं कहूँ नाय पर दिख रहीं चहूँ ओर राधा।
बुलाबें पुकारें मुनिहारें कन्हाई राधा राधा।

चले आये बरसाने मनावन कन्हाई राधा।
ढूँढ़त फिरत इत उत नाय पर मिल पाईं राधा।

अखियन में भर भर आँसू बन तब बह आईं राधा।
मिलाये अँखियाँ जब नाँय मुस्काई राधा।

पूछत कन्हाई चौ नाय मोसे मुस्काई बतराई राधा।
लगी कहन, बाँसुरिया प्यारी तुमकौ नाय कोई राधा।

बजाओ, कमर ते बँधाओ, हिय ते चिपटाओ।
बाँसुरिया अधर लगाओ, नाय अब बाधा कोई राधा।

आँसू भरे नैनन बोले कान्हा, तोने ही मोय साधा।
बिन तोरे अब राधा, है कन्हाई आधा से भी आधा।

❖❖

यशोदा का गोपियों से कृष्ण बचाव

मेरौ लाल नाय उतपाती।
लाज नेक तुम कौं नाय आती।
कर दियो बाकों जीनौ बेहाल।
वृंदावन कुंज गलिन में।

बात बनाओ सब झूठी मूंठी।
तुमरी मति गई है फूटी।
माखन मटकी तुमने फोरी।
और नाम धरौ मेरौ लाल।
वृंदावन कुंज गलिन में।

लाली, कैसे खेलेगौ तोसे होरी।
ऊटनी सी हो तुम सब छोरी।
और मेरौ नन्नों सौ है गोपाल।
वृंदावन कुंज गलिन में।

घेरो दगरे में जब तुमने आज।
वृंदावन कुंज गलिन में।
भज भज बच आयो मेरो लाल।
वृंदावन कुंज गलिन में।

फूल गई बाक़ी साँस।
इतनौ दौरायौ तुमने आज।
वृंदावन कुंज गलिन में।

जानौ नाय मोय तुम सूधी।
जो बात करौगी उल्टी सूधी।
गारी दूँगी तोय सौ सौ बार।
वृंदावन कुंज गलिन में।

तोड़ूँगी सगरे हाथ,।
सूतेंगे जो मोरौ लाल।
वृंदावन कुंज गलिन में।
लप्पड़ दूँगी मोढ़े चार।
वृंदावन कुंज गलिन में।
चिनबाय दूँगी तोहे भीतर दीवार।
वृंदावन कुंज गलिन में।

है सूधो सो मेरौ लाल।
वृंदावन कुंज गलिन में।
मलूक सो है मेरौ लाल।
वृंदावन कुंज गलिन में।
प्यारो सो मेरौ लाल।
वृंदावन कुंज गलिन में।
बलिहारी जाऊँ सौ-सौ बार।
वृंदावन कुंज गलिन में।

❖❖

साँसों की सरगोशियाँ

मालूम है तुम फिर नहीं आ पाये।
समझता हूँ तुम्हारी मजबूरियाँ हैं।

बुलबुल याद की फुदकती रही बहुत।
इकट्ठी कर रखीं ढेरों कहानियाँ हैं।

सूखा नहीं कभी शज़र मोहब्बत का।
आँखों में हमारे आंसू नहीं नदियाँ हैं।

दरख़्त पे जो हरी हरी पत्तियाँ हैं।
तुमको लिखी वो मेरी पातियाँ हैं।

हवा चली और झुक गया शजर।
तसव्वुर में मेरे तेरी अटखेलियाँ हैं।

वो जो ख़ुशबू सी आ रही है इधर।
तुम्हारी साँसों की सरगोशियाँ हैं।

❖❖

ज़िंदगी का हादसा

सबसे बढ़ा हादसा है ज़िंदगी का मोहब्बत।
लगता मगर बहुत हसीन है पहले पहले।

देखा जो तुमको आज ज़माने बाद।
लगे उतने ही हसीन जितने थे पहले पहले।

पसंद है जो मुझे वही पहने थे तुम।
तुम तो कहते थे भूल गए मुझे पहले पहले।

सिल गए लव खुल ही नहीं पाए।
करते रहते थे बहुत बातें पहले पहले।

शिकवा है तुम्हें तुम चले गये और मैंने रोका नहीं।
तुम तो सुन लेते थे मेरी खामोशी भी पहले पहले।

एक तेरे छोड़ने से नफ़रत सी हो गई ख़ुद से।
पसंद थे ख़ुद को बहुत तेरी मोहब्बत से पहले पहल।

नाम भी सुन लू अब तेरा धड़कन सी रुक जाती है।
मिलता था कितना सुकून तेरे नाम से पहले पहले।

❖❖

सब बदल जाता

नहीं पता क्या तलाश मेरी, क्या पाना चाहता।
चलता रहता हूँ हर दम, रुक ही नहीं पाता।

कभी यहाँ आना, कभी वहाँ जाना बदल जाता।
कुछ दिन में यार मेरा ठिकाना बदल जाता।

कभी यहाँ का पानी, कभी वहाँ दाना।
मौसम सा मेरा आब-ओ-दाना बदल जाता।

सूरज हर रोज़ आता, हर रोज़ चला जाता।
दिन नहीं बदलते मेरे, मगर वो दिन बदल जाता।

अश्क़ हसरत का आँख से तब चुपचाप निकल जाता।
मंज़िल पे पहुँच के मंज़र जब मंज़िल का बदल जाता।

अरमानो से सपनों का घर जब भी हूँ बनाता।
कह के खानाबदोश मुझे मेरा घर बदल जाता।

कभी कुछ बदल देता हूँ, कभी कुछ बदल जाता।
एक वक़्त नहीं बदलता मेरा, सब बदल जाता।

इन गुज़रते बदलते लम्हों में कोई तो वो लम्हा आता।
नहीं बदलती जो क़िस्मत मेरी, वो बदल जाता।

❖❖

मोहब्बत के सोपान

चढ़ाये सोपान मोहब्बत के सारे, फिर गिरा के मार डाला।
पहले आशिक़, फिर पागल, फिर शायर बना के मार डाला।

सारे हथियार हैं उसके, क्या कहें किस किस से मार डाला।
कभी काजल, कभी लाली, कभी बाली तो कभी गाली से मार डाला।

एक मार ही काफ़ी थी, मगर करके हलाल मार डाला।
हुस्न-ए-ज़हर ने इश्क़ को धीरे-धीरे मार डाला।

थे आल्हा तो कभी मलखान, किस को हमने नहीं मार डाला।
क्या कहें दुनिया से, हमें तो एक तिरछी नज़र ने मार डाला।

शिकारी थी आँखें, हमें उसकी चितवन ने मार डाला।
थोड़ा बचा तो गाल के उस काले तिल ने मार डाला।

कभी चूड़ी, कभी कंगन, कभी पायल से मार डाला।
उसने जब चाहा ज़िंदा रखा, जब चाहा मार डाला।

❖❖

शुक्रिया मित्रों

कविताएँ किसी एक की नहीं होतीं, बहुत से लोगों का साथ होता है, कविता होने में। कोई भी कविता जन्म ले ही नहीं सकती बिना जीवन संगिनी के सहयोग के, क्योंकि जीवन के अनुभव, रंग हो जाते हैं साथ उसके।

बचपन से किसी से कुछ सुना, कुछ देखा जो मन में रह जाता है वो वक़्त के साथ कविता बन जाता है।

मेरी कविताओं में उन सब अनुभवों और लोगों का सहयोग, साथ और संगत ही है जो इंसान को बदल देती है, ये सभी कविताएँ मेरे मन-मानस में दम तोड़ देतीं, अगर मुझे मेरे सहयोगी दोस्तों, कवियों का साथ और प्रोत्साहन न मिला होता, दिल की असीम गहराइयों से सभी साथी कवियों और साथियों का धन्यवाद।

आप सभी पाठकों का धन्यवाद मेरी कविताओं को प्यार देने के लिए, आशा करता हूँ की आपका प्रेम और सहयोग मिलता रहेगा।

मुझसे यहाँ जुड़ें:

व्हाट्सएप: +91-9999290200

फ़ेसबुक: https://www.facebook.com/profile.php?id=755283940

इंस्टाग्राम: Isthisaloksharma

ईमेल : connectwithaloksharma@gmail.com